EMMA MAXWELL

Planificar la Jubilación con Facilidad

First edition

This book was professionally typeset on Reedsy.
Find out more at reedsy.com

Contents

Introducción

La jubilación no es únicamente el final; es un nuevo comienzo. Sin embargo, muchos la afrontan con incertidumbre y ansiedad. Piense en esto: casi la mitad de los estadounidenses no han calculado cuánto necesitarán en la jubilación. No es solo una estadística, es una llamada de atención. Es un recordatorio de que la planificación de la jubilación es crucial, independientemente de su situación actual.

Este libro está aquí para ayudarle. Tanto si acaba de empezar como si llega tarde al juego, puede tomar el control de la planificación de su jubilación. Puede construir un futuro en el que las preocupaciones económicas no enturbien sus años dorados. Esta guía es su hoja de ruta, que le muestra los pasos para construir un futuro financiero seguro.

Permítanme presentarme. Soy Emma, contable pública titulada con más de 30 años de experiencia. Todos los días veo a personas que tienen problemas con sus finanzas. Mi pasión es ayudarles a ampliar sus conocimientos financieros. Con este libro, pretendo dotarlos de las herramientas que necesitan para tomar decisiones informadas y alcanzar la seguridad financiera.

Este libro está dirigido a los que están a punto de jubilarse, a los que empiezan tarde y a los mayores de 50 años que se preguntan si podrán jubilarse cómodamente. Aborda los retos específicos a los que se enfrentan. Ofrece estrategias para acelerar el ahorro, hacer frente a los costos de salud y saber cuándo y cómo utilizar sus ahorros para la jubilación. Si se pregunta por la Seguridad Social y cuándo reclamarla, también me ocuparé de ello.

¿Qué distingue a este libro? Simplifica conceptos financieros complejos. Aquí no encontrará jerga complicada ni teorías complejas. En su lugar, obtendrá una guía práctica, paso a paso. Descubrirá consejos claros y prácticos que pueden marcar la diferencia. El objetivo es hacer accesible la planificación de la jubilación, independientemente de su situación financiera.

Mi experiencia con clientes que luchan con las finanzas me ha enseñado mucho. He visto de primera mano el impacto de la inseguridad financiera. Pero también he visto el poder transformador de la educación financiera. Me comprometo a ayudarle a conseguir la tranquilidad que supone estar preparado desde el punto de vista financiero.

¿Qué puede esperar de este libro? Estos son los puntos clave;

- Cuánto dinero necesitarás al jubilarte para cubrir el coste de la vida
- Qué hacer si no tienes suficiente dinero
- Estrategias de recuperación para aumentar su cuenta de jubilación
- Crear un fondo de emergencia sanitaria
- Posibles opciones de inversión para su cartera
- Conceptos básicos de la Seguridad Social
- Prepararse para los gastos sanitarios en la jubilación
- Todo sobre planificación patrimonial
- Vivir mejor la jubilación
- Planificar la vida tras la jubilación

Aprenderá a evaluar su situación financiera actual. Descubrirá cuánto necesita para jubilarse cómodamente. Explorará estrategias para aumentar sus ahorros, aunque empiece tarde. Aprenderá a gestionar los gastos sanitarios y a sacar el máximo partido a la Seguridad Social. Al final de este viaje, tendrá un plan claro para una jubilación sin estrés.

El libro está estructurado de forma lógica, empezando por lo básico y pasando a temas más avanzados. He aquí un breve resumen de los capítulos;

1. Construir unos cimientos sólidos
2. Acelerar el ahorro
3. Inversión inteligente

4. Navegar por la Seguridad Social

4. Navegar por la Seguridad Social
5. Planificación de la asistencia sanitaria y la atención a largo plazo
6. Planificación de herencias y legados
7. Gestión de la deuda y la renta fija
8. Preparación emocional y psicológica
9. Jubilación a prueba de futuro
10. Vivir una jubilación plena

Cada capítulo termina con una serie de medidas concretas que puede adoptar para mejorar su situación financiera de inmediato. Tendrá un camino claro que seguir, lo que le facilitará tomar las riendas de su futuro financiero.

Quiero inspirarlos optimismo y confianza. Nunca es tarde para empezar a planificar una jubilación satisfactoria. Con las herramientas y la mentalidad adecuadas, se puede convertir la ansiedad financiera en libertad financiera. Deje que este libro sea su guía hacia un futuro lleno de posibilidades, en el que sus sueños de jubilación se hagan realidad.

Capítulo 1

Construir unos cimientos sólidos

¿Sabía que una persona media pasa casi 20 años jubilada?

Son dos décadas llenas de experiencias, recuerdos y libertad para hacer lo que le gusta. Sin embargo, para muchos, esta perspectiva se ve ensombrecida por el miedo a la inseguridad financiera. Este capítulo pretende transformar ese miedo en confianza ayudándote a construir una base sólida para tu futuro. Se trata de sentar las bases para una jubilación que apoye sus sueños, no que los obstaculice. Al conocer sus necesidades de jubilación, estará preparado para crear un plan que se ajuste a sus aspiraciones y le garantice una jubilación satisfactoria y financieramente segura.

1.1 Conocer sus necesidades de jubilación

Para empezar, ¿podría plantearse cómo sería su jubilación ideal? ¿Una acogedora cabaña en la montaña o un apartamento frente al mar? ¿Imagina días llenos de viajes o tal vez tiempo dedicado al voluntariado en su organización benéfica local favorita? Prever estos detalles le ayudará a aclarar lo que realmente le importa. No se trata solo de seguridad financiera, sino de imaginarse la vida que quiere vivir e identificar los pasos necesarios para conseguirla. Reflexione sobre estas aspiraciones y deje que guíen su proceso de planificación. Puede identificar necesidades y deseos específicos visualizando su estilo de vida durante la jubilación, creando una hoja de ruta financiera adaptada a su visión única.

Entre los objetivos más comunes de la jubilación suelen figurar los viajes, las aficiones o el voluntariado. Viajar puede significar visitar a los nietos por todo el país o explorar nuevas culturas en el extranjero. Las aficiones pueden ir desde la pintura a la jardinería, y ofrecen relajación y satisfacción. El voluntariado proporciona un sentido de propósito, permitiéndole devolver algo a su comunidad. Estos objetivos ponen de manifiesto la diversidad de formas en que las personas deciden pasar sus años de jubilación. Reconocer sus prioridades personales en estas áreas garantiza que sus planes reflejan lo que es más importante para usted. Al definir claramente sus objetivos, sentará las bases para una jubilación acorde con sus pasiones e intereses.

Distinguir entre necesidades y deseos es crucial a la hora de planificar la jubilación. Las necesidades abarcan gastos esenciales como vivienda, asistencia sanitaria y gastos básicos, mientras que los deseos pueden implicar vacaciones de lujo o compras de lujo. La creación de una lista jerárquica de gastos de jubilación ayuda a priorizar estas categorías, garantizando que sus recursos financieros cubren primero las necesidades. Las estrategias para equilibrar las necesidades y los gastos discrecionales implican un presupuesto cuidadoso y una toma de decisiones consciente. Al asignar los fondos con sensatez, mantendrá un estilo de vida que cubra sus necesidades básicas y, al mismo tiempo, le permitirá darse algún capricho de vez en cuando. Este equilibrio constituye la espina dorsal de un plan financiero sólido, que le permitirá disfrutar de su jubilación sin comprometer la seguridad.

Considere posibles escenarios futuros que podrían afectar a su jubilación. Cambios en la salud, fluctuaciones del mercado o acontecimientos vitales inesperados pueden alterar su panorama financiero. Participar en ejercicios de planificación de escenarios ayuda a prepararse para estas posibilidades. Por ejemplo, prevea los efectos de un gasto médico repentino o una caída en el rendimiento del mercado. Al anticiparse a estos retos, incorporará resistencia a su plan financiero, asegurándose de que está preparado para afrontar cambios imprevistos. Los factores que afectan a las necesidades futuras de jubilación pueden incluir avances en la asistencia sanitaria o cambios en las condiciones económicas. Reconocer estas variables facilita una planificación proactiva, que le permitirá adaptarse y prosperar en un mundo dinámico.

La autoevaluación es una herramienta vital para alinear su situación actual con su visión de la jubilación. Empiece por evaluar su preparación mediante listas de comprobación exhaustivas que abordan aspectos financieros, emocionales y prácticos. Las preguntas de reflexión le ayudarán a calibrar sus prioridades y le incitarán a considerar si su trayectoria actual es compatible con sus objetivos a largo plazo. Esta introspección fomenta una evaluación honesta, revelando áreas que pueden requerir ajustes. Quizá descubra que sus ahorros necesitan un impulso o que su estrategia de inversión necesita diversificarse. Sea cual sea el resultado, la autoevaluación le permite actuar con conocimiento de causa y salvar la distancia entre donde está y donde quiere estar.

1.2 Fijar objetivos financieros realistas

Establecer objetivos financieros realistas es la piedra angular para planificar con éxito la jubilación. Requiere objetivos claros y específicos que guíen sus hábitos de ahorro y gasto. El marco SMART (específico, mensurable, alcanzable, relevante y sujeto a un plazo) es un método fiable para elaborar estos objetivos. Por ejemplo, en lugar de planear vagamente "ahorrar más", intente "aumentar los ahorros para la jubilación en un 15% durante el próximo año". Este objetivo es específico y mensurable, y proporciona una meta y un plazo claros. Al centrarse en objetivos alcanzables y significativos, alineará sus esfuerzos con sus aspiraciones financieras más amplias. Considere la posibilidad de utilizar hojas de cálculo de objetivos para concretar estos detalles, proporcionando estructura y claridad a su proceso de planificación. Este planteamiento no solo le motiva, sino que también le hace responsable, garantizando que cada paso que dé le acerque a su visión final de la jubilación.

Alinear sus objetivos financieros con su calendario de jubilación es otro paso crucial. Su edad prevista de jubilación y sus ahorros actuales desempeñan un papel importante a la hora de determinar cuánto necesita ahorrar y con qué rapidez. Por ejemplo, si tiene previsto jubilarse a los 67 años, expertos como Fidelity sugieren ahorrar 10 veces sus ingresos para entonces. Retrasar la jubilación hasta los 70 años podría reducir esta cifra a ocho veces, gracias a la prolongación del tiempo de crecimiento de los ahorros y al aumento de las prestaciones de la Seguridad Social. Estos hitos generales sirven como puntos de referencia útiles, ofreciendo un "punto de referencia" al que aspirar. Pero para obtener estimaciones más personalizadas, utilice calculadoras de jubilación en línea, como Boldin, para proyectar su crecimiento y ajustar su plan de ahorro en consecuencia. Estas herramientas proporcionan una representación visual de su progreso, ayudándole a ver en qué punto se encuentra y qué ajustes son necesarios. Al establecer objetivos que se ajusten a su calendario, se asegura de que su plan financiero sea realista y alcanzable.

La vida es imprevisible, por lo que es esencial incorporar flexibilidad a sus objetivos financieros. Los imprevistos, como las fluctuaciones del mercado o los gastos inesperados, pueden hacer descarrilar hasta los planes más meticulosos. Las estrategias de planificación financiera flexibles le permiten adaptarse sin perder de vista sus objetivos. Por ejemplo, puede ajustar temporalmente su tasa de ahorro en respuesta a un contratiempo financiero, y luego aumentarla cuando las circunstancias mejoren. Esta adaptabilidad garantiza que sus objetivos sigan siendo pertinentes y alcanzables, independientemente de lo que le depare la vida. Al incorporar flexibilidad a su plan, crea una red de seguridad que amortigua las incertidumbres y le ayuda a mantener el impulso hacia sus objetivos de jubilación.

Para realizar un seguimiento y ajustar sus objetivos financieros de forma eficaz, aproveche el poder de las herramientas de planificación financiera. Programas como Boldin ofrecen recursos completos para gestionar su plan de jubilación. Esta plataforma proporciona proyecciones detalladas, escenarios "Y sí..." y evaluaciones holísticas, que le ayudan a ver las repercusiones de las distintas estrategias. Boldin es gratuito para la versión básica y 120 $ al año para una versión más detallada que le ofrece múltiples planes de escenarios hipotéticos. Aplicaciones de planificación financiera como YNAB (You Need a Budget) o Empower ofrecen interfaces fáciles de usar para el seguimiento de gastos e ingresos, lo que facilita el control de las finanzas. Estas herramientas no solo simplifican el proceso de seguimiento mediante la vinculación con sus cuentas bancarias, sino que también proporcionan información valiosa, destacando las áreas de mejora y celebrando su progreso. Al utilizar estos recursos, ganarás control sobre tu trayectoria financiera, asegurándote de que tus objetivos evolucionan a la par que tus circunstancias cambiantes. En mi primer libro, **Libertad financiera fácil: Guía paso a paso para eliminar deudas, crear un plan financiero y proporcionar seguridad económica para ti y tu familia,** hablo de este tema en profundidad, así que no me extenderé demasiado aquí.

1.3 Desmitificar la jerga de la jubilación

La planificación de la jubilación es a menudo como adentrarse en un país extranjero en el que todo el mundo habla un idioma que no se entiende. Términos como 401(k), IRA y renta vitalicia aparecen de un lado a otro, dejando a muchos perplejos y frustrados. Desglosamos estos términos complejos y simplifique muslos para que pueda tomar decisiones con conocimiento de causa. Un plan 401(k) es un plan de ahorro para la jubilación patrocinado por la empresa que permite a los empleados realizar aportaciones deducibles de impuestos y antes de impuestos. Piense en él como una cuenta de ahorro especial en la que su dinero crece libre de impuestos hasta que lo retira en la jubilación. Una cuenta IRA (Individual Retirement Account) es otro tipo de vehículo de ahorro. Ofrece ventajas fiscales, ya que las aportaciones se realizan con impuestos diferidos (IRA tradicional) o con dinero después de impuestos (IRA Roth). Una renta vitalicia, por su parte, implica pagos a una compañía de seguros a cambio de una serie de pagos durante la jubilación. Si comprende estas definiciones, evitará confusiones y ganará confianza en su planificación financiera.

Entender estos términos no es solo para parecer inteligente en su próxima cena; es crucial para una planificación eficaz de la jubilación. Por ejemplo, conocer la diferencia entre una cuenta IRA tradicional y una Roth puede afectar significativamente a su estrategia fiscal. Una cuenta IRA tradicional le permite aplazar los impuestos sobre las aportaciones hasta el momento de la retirada, lo que puede ser beneficioso si prevé estar en un tramo impositivo más bajo durante la jubilación. En cambio, una cuenta IRA Roth implica pagar impuestos por adelantado, pero las ganancias y los retiros están exentos de impuestos. Los ejemplos contextuales de la jerga de la planificación financiera ponen de relieve la importancia de estas distinciones. A la hora de decidir las opciones de inversión, saber lo que implica una cartera diversificada garantiza que se está repartiendo el riesgo entre varias clases de activos, en lugar de poner todos los huevos en la misma cesta. Este conocimiento le ayudará a tomar decisiones que se ajusten a sus objetivos de jubilación y a su tolerancia al riesgo.

Las analogías y los ejemplos de la vida real pueden aclarar conceptos complejos. Imagine un plan 401(k) como un jardín. Usted planta las semillas (sus aportaciones) y las cultiva con el tiempo. Las aportaciones de contrapartida de la empresa actúan como fertilizante, impulsando el crecimiento. Con el paso de los años, el jardín florece y proporciona una abundante cosecha en el momento de la jubilación. En la vida real, pensemos en alguien que ha supervisado cuidadosamente su combinación de inversiones, manteniendo una cartera equilibrada durante las subidas y bajadas del mercado. Esta estrategia le permitió capear las tormentas financieras, asegurando la estabilidad en la jubilación. Este tipo de analogías y escenarios aportan claridad, transformando términos abstractos en conceptos relacionales que resuenan con las experiencias cotidianas.

1.4 Evaluar su situación financiera actual

El primer paso para evaluar su situación financiera es realizar un inventario financiero detallado. Esto implica hacer balance de todos tus activos, pasivos y fuentes de ingresos. Si ha leído mi primer libro, ya lo habrá hecho, pero si no lo ha hecho, hagámoslo ahora. Imagina tus finanzas como un puzzle, en el que cada pieza representa un elemento diferente de tu vida financiera. Empiece por enumerar sus activos: son las piezas que añaden valor a su imagen global. Incluya propiedades, cuentas de ahorro, inversiones y cualquier otra posesión de valor. A continuación, enumere sus pasivos, es decir, las deudas que restan valor a su patrimonio, como hipotecas, préstamos y saldos de tarjetas de crédito. Por último, describa sus fuentes de ingresos, como sueldos, pensiones u otras fuentes de ingresos regulares. Al exponer cada elemento con claridad, obtendrá una visión global de su panorama financiero, lo que facilitará la identificación de puntos fuertes y débiles. Utiliza una plantilla de inventario financiero o utiliza un formato similar al siguiente para organizar esta información de forma sistemática, asegurándote de que no se te pasa por alto ningún detalle.

Cuando elabore su inventario, piense en los gastos que tendrá cuando se jubile. Lo haremos con más detalle en el capítulo 7, pero si quieres, puedes volver entonces y rellenar esta plantilla. Es fundamental diferenciar entre los gastos actuales y los que tendrá que afrontar cuando se jubile. Mientras que algunos gastos, como los desplazamientos, pueden disminuir, otros, como la asistencia sanitaria, pueden aumentar. Este ejercicio te dará una idea más clara de tus necesidades financieras y te ayudará a planificar en consecuencia. Para ayudarle en este proceso, he incluido una plantilla en la que puede hacer números usted mismo. Al estimar tus gastos futuros, podrás comprender mejor los ajustes financieros necesarios para mantener el estilo de vida que deseas.

Plantilla de patrimonio neto

Activos $ Valor
   Lugar de principal
   Inversión inmobiliaria
   Cuenta de ahorro
   Cuenta corriente

Inversiones personales

jubilación

Compartir cuenta

Vendibles

Coche

Joyería

Barco

Otros

<u>Activos totales</u>

<u>Pasivo</u>

Hipoteca sobre la vivienda principal

Hipoteca sobre bienes de inversión

Tarjeta de crédito Deuda

Préstamos para coches

Tarjetas de crédito

Otros pasivos

<u>Pasivo total</u>

<u>Patrimonio neto (activos menos pasivos)</u>

<u>Plantilla de ingresos y gastos</u>

<u>Ahora</u> <u>En la jubilación</u>

<u>Ingresos</u>

Usted

Su cónyuge

Pensión

Seguridad Social

Ingresos por alquiler

Ingresos de las inversiones

Otros

Ingresos totales

Ahora En la jubilación

Gasto

Hipoteca

Servicios

Impuestos sobre la propiedad

Cuotas de Strata/HOA

Comestibles

Costes infantiles

Médico

Seguros

Belleza

Alcohol

Entretenimiento

Ropa

Vacaciones

Presenta

Gastos de inversiones inmobiliarias

Gastos de funcionamiento del coche

Otros

Gastos totales

Beneficio neto

Una vez completada la plantilla, es hora de evaluar sus ahorros e inversiones. Esto implica analizar sus planes de ahorro y carteras de inversión existentes para determinar su valor actual y su potencial de crecimiento. Evalúe si sus ahorros para la jubilación van por buen camino para alcanzar sus objetivos de jubilación. Tenga en cuenta factores como su tasa de ahorro actual, el rendimiento de las inversiones y las posibles aportaciones de la empresa. Debería poder acceder a esta información en el portal de jubilación en línea de la entidad con la que tiene su cuenta de jubilación. Evalúe su cartera de inversiones para asegurarse de que se ajusta a su tolerancia al riesgo y a sus objetivos financieros. ¿Están sus activos lo suficientemente diversificados como para hacer frente a las fluctuaciones del mercado? ¿Sus inversiones rinden como esperaba? Para averiguarlo, consulte el último resumen financiero trimestral o anual de su cuenta de jubilación, que le mostrará dónde está invertida su cartera, de qué plan se trata y qué porcentaje de rentabilidad ha obtenido, así como las comisiones que se le cobran. Debería aspirar a un rendimiento mínimo del 7% a medida que se acerca a la jubilación sin dejar de trabajar. Si responde a estas preguntas, podrá identificar las áreas de mejora y asegurarse de que sus ahorros le resultan eficaces

Accede a la versión gratuita de Boldin, crea una cuenta y rellena la información que te piden. A continuación, calculará la Seguridad Social que se espera que ganes a qué edad y predecirá el saldo de jubilación que necesitas para la edad de jubilación que introduzcas. En la página de resumen hay un gráfico anual que muestra cómo crece tu saldo de jubilación con el tiempo; la belleza del interés compuesto. A continuación, dice cuál es su % de probabilidad de éxito en la financiación de su jubilación y, a continuación, debajo de que calcula lo que su patrimonio neto ahora y en la jubilación. Si este porcentaje no es del 75% o superior, tenemos trabajo que hacer.

Identificar las carencias y oportunidades financieras es el siguiente paso. Quizá necesite aumentar su tasa de ahorro, ajustar su estrategia de inversión o reconsiderar su edad de jubilación. Cada laguna representa una oportunidad de optimización. Asegúrese de que su empresa iguala sus aportaciones para la jubilación, ya que se trata básicamente de dinero gratis. Por ejemplo, si va retrasado en sus ahorros, considere la posibilidad de aumentar sus aportaciones o explorar nuevas vías de inversión. Por otra parte, si su edad de jubilación le parece poco realista, evalúe las ventajas de trabajar unos años más para aumentar su seguridad financiera. Si su cuenta de jubilación rinde menos del 5%, considere la posibilidad de cambiarla mientras sigue trabajando para aumentar la rentabilidad. El poder de la capitalización es tu amigo, ya que reinvertir lo que has ganado este año y obtendrás el rendimiento de otro año una y otra vez. Tiene que sentirse cómodo con este cambio de estrategia de riesgo. No invierta su cuenta de jubilación en criptomonedas, pero si puede pasar, por ejemplo, del 100% de bonos a una combinación de acciones de primera clase, acciones internacionales, bienes inmuebles y bonos, probablemente obtendrá una mayor rentabilidad. A menudo, el fondo con el que estás tendrá diferentes tipos de fondos que puedes elegir en función del año en que te jubilarás y puedes comprobar su rendimiento a lo largo del tiempo para ver si han funcionado bien. Para ello, basta con realizar un simple cambio en línea en su cuenta. Al identificar estas lagunas, pondrá de relieve las áreas en las que hay que actuar, allanando el camino hacia la mejora financiera.

La priorización de las acciones de mejora implica la adopción de medidas prácticas para subsanar las deficiencias detectadas. Empiece por enumerar cada carencia y determine qué áreas necesitan atención inmediata. Tal vez, deba darse prioridad al pago de las deudas con intereses elevados, o tal vez sea más urgente maximizar las aportaciones de la empresa a su plan de jubilación. Al priorizar estas acciones, creará una hoja de ruta clara para mejorar su preparación financiera.

Elabore un calendario para aplicar estos cambios, estableciendo plazos realistas para cada tarea. Este enfoque estructurado garantiza que las mejoras sean manejables y sostenibles, lo que conduce a una base financiera más sólida. A medida que avance en este proceso, descubrirá que cada paso le acerca más a la seguridad financiera y la tranquilidad que desea para la jubilación.

1.5 Priorizar sus objetivos de jubilación

En la planificación de la jubilación, es fundamental priorizar los objetivos. Imagínese sus objetivos como una escalera, en la que cada peldaño representa una prioridad diferente. Empiece por clasificar estos objetivos en función de sus valores personales y su impacto financiero. Para algunos, asegurar un hogar confortable puede encabezar la lista, mientras que otros pueden dar prioridad a viajar por el mundo o apoyar la educación de sus nietos. Los ejercicios de clasificación pueden ayudar a aclarar qué objetivos son los más importantes. Tenga en cuenta factores como la necesidad inmediata, la satisfacción emocional y el rendimiento financiero potencial. Este proceso no solo organiza sus objetivos, sino que también proporciona una dirección clara, garantizando que sus recursos se alineen con sus aspiraciones más preciadas.

Para equilibrar los objetivos a corto y largo plazo es necesario conocer a fondo tanto las necesidades financieras inmediatas como las aspiraciones futuras. Es como mantener un balancín, en el que un lado representa los deseos inmediatos y el otro los sueños a largo plazo. Las decisiones a corto plazo, como comprar un coche nuevo o tomarse unas vacaciones espontáneas, deben tener siempre en cuenta su repercusión en la seguridad financiera a largo plazo. El poder de la capitalización remarca este equilibrio. Las inversiones pequeñas y constantes de hoy pueden generar un crecimiento significativo con el tiempo, lo que refuerza la importancia de planificar el futuro. Al sopesar cuidadosamente cada decisión financiera, se crea un plan que favorece tanto el disfrute presente como la estabilidad futura.

Revisar y ajustar periódicamente las prioridades es vital. La naturaleza cambiante de la vida significa que lo que importa hoy puede cambiar mañana. Una reevaluación periódica mantiene sus objetivos actualizados y le ayuda a adaptarse a las nuevas circunstancias. Entre los consejos para la reevaluación se incluye reservar un tiempo cada año para revisar su plan financiero, asegurándose de que se ajusta a las etapas actuales de la vida y a las condiciones del mercado. Herramientas como Empower y You Need a Budget (YNAB) pueden simplificar este proceso, ofreciendo recordatorios y haciendo un seguimiento del progreso. Estas plataformas le permiten modificar los objetivos sin esfuerzo, garantizando que su plan siga siendo dinámico y receptivo. Al adoptar la flexibilidad, te preparas para los giros y vueltas de la vida, manteniendo un rumbo firme hacia tus sueños de jubilación.

Las preferencias de estilo de vida desempeñan un papel importante a la hora de definir los objetivos de la jubilación. Algunos imaginan una vida tranquila en el campo, mientras que otros anhelan la vitalidad de la vida urbana. Estas opciones influyen en la planificación financiera, dictando los gastos y las estrategias de ahorro. Por ejemplo, una preferencia por la vida urbana puede requerir un presupuesto para gastos de manutención más elevados, mientras que quienes buscan un retiro rural podrían centrarse en inversiones inmobiliarias. Las prioridades basadas en el estilo de vida garantizan que su plan financiero refleje sus deseos particulares, haciendo que la jubilación no sea solo una fase, sino un capítulo satisfactorio de la vida. Para ello, considere la posibilidad de hacer números por sí mismo, evaluando el impacto de su estilo de vida en sus necesidades financieras.

En este proceso de planificación, recuerde que la jubilación no es únicamente una cuestión económica. Se trata de crear una vida que esté en consonancia con sus pasiones y valores. Al priorizar sus objetivos cuidadosamente, equilibrar los deseos a corto plazo con las ambiciones a largo plazo e integrar las preferencias de estilo de vida, creará una hoja de ruta adaptada a su visión. Este enfoque proactivo hace que la planificación de la jubilación deje de ser una tarea desalentadora y se convierta en una tarea estimulante, que abre las puertas a un futuro lleno de oportunidades y satisfacciones.

Ahora no te asustes si el número que generaste para tu objetivo de ahorro para la jubilación está lejos de donde está ahora y tu tasa de éxito Boldin es baja. Por eso compré este libro, para que podamos mejorarlo.

No pases al siguiente capítulo sin hacer lo siguiente;

1. Calcule su neto
2. Calcula tus ingresos y gastos. Puedes utilizar la plantilla proporcionada o crear una cuenta en Empower o en Necesitas un presupuesto. Empower te permite vincular tus cuentas para que puedas entrar y verlas actualizadas en tiempo real.
3. Cree una cuenta Boldin. Introduzca los ingresos y gastos a partir de la información de 1 y 2
4. ¿Necesita cambiar su cotización de jubilación para obtener la totalidad de la aportación de su empresa? No espere, ¡hágalo ahora!
5. ¿Necesita cambiar su estrategia de inversión en su cuenta de jubilación en línea? Compruebe la rentabilidad actual de los fondos y ajustela en consecuencia

6. Siéntese con su pareja y planifique su vida ideal de jubilación. ¿Dónde viviréis? ¿Cuánto costará? ¿Y cuándo se jubilarán?

Capítulo 2

Acelerar el ahorro

Imagine que prepara un viaje sin conocer su destino ni los recursos que necesitará por el camino. Muchas personas que se acercan a la jubilación sienten esta incertidumbre, especialmente si se encuentran comenzando el proceso de planificación más tarde en la vida. La buena noticia es que nunca es demasiado tarde para mejorar sus ahorros para la jubilación, y existen estrategias eficaces para hacerlo. Este capítulo trata sobre la aceleración: poner sus ahorros a toda marcha, aunque parta de un punto de partida modesto. Tanto si le queda poco para la edad de jubilación como si se está poniendo al día, hay medidas que puede tomar para mejorar su preparación financiera. Veamos cómo.

2.1 Maximizar las cotizaciones de recuperación

A medida que se acerca a la edad de 50 años, se abre una oportunidad para aumentar sus ahorros de jubilación a través de contribuciones de recuperación. Se trata de aportaciones adicionales permitidas por el IRS a determinados planes de jubilación, diseñadas específicamente para quienes reconocen la necesidad de aumentar sus ahorros a medida que se acercan a la jubilación. Si tiene 50 años o más al final del año natural, puede realizar estas aportaciones a planes como el 401(k), el 403(b) y el 457(b) gubernamental. Para 2023 y 2024, el límite para ponerse al día es de 7.500 $, una cifra que puede reforzar significativamente su fondo de jubilación. Esto es particularmente beneficioso si se ha quedado atrás en sus ahorros y necesita un impulso financiero para asegurar una jubilación cómoda. Sin embargo, recuerde que estas aportaciones solo entran en juego una vez que sus aportaciones regulares superan el límite anual, que es de 23.500 $ para 2024. En 2025, estas aportaciones de recuperación ascenderán a 11.250 $ para quienes tengan entre 60 y 63 años. Para quienes utilicen planes SIMPLE IRA o SIMPLE 401(k), la aportación de recuperación tiene un límite de 3.500 $.

Para sacar el máximo partido de las contribuciones de recuperación, empiece por reasignar los ingresos discrecionales a sus cuentas de jubilación. Examine su presupuesto mensual, identifique las áreas en las que puede recortar gastos y reoriente esos fondos hacia sus ahorros para la jubilación. Por ejemplo, reducir las salidas a cenar o recortar los gastos de ocio puede liberar cantidades significativas para contribuir. La automatización de las aportaciones puede cambiar las reglas del juego. Establezca transferencias automáticas de su cuenta corriente a su fondo de jubilación.

Esto garantiza la coherencia y le ayuda a evitar la tentación de gastar. Al hacer del ahorro una parte no negociable de su rutina financiera, crea un enfoque disciplinado que apoya sus objetivos a largo plazo. Estos cambios no tienen por qué ser para siempre, pero una aportación puntual puede marcar la diferencia a largo plazo. Siempre aconsejo a la gente que, cuando reciba un aumento de sueldo o una prima anual, si puede permitírselo, lo destine al ahorro para la jubilación.

Optimizar las aportaciones en las distintas cuentas es otra estrategia crucial. Compare los límites de aportación y las ventajas de cuentas como las 401(k) y las IRA. Mientras que los planes 401(k) ofrecen límites de aportación más elevados, las cuentas IRA proporcionan valiosas ventajas fiscales, especialmente si se puede optar a una cuenta IRA Roth. Considere una distribución estratégica entre las aportaciones antes de impuestos, que reducen sus ingresos imponibles ahora, y las aportaciones Roth, que permiten realizar retiros libres de impuestos más adelante. Este equilibrio puede proporcionar una estrategia fiscalmente eficiente que maximice el crecimiento y la flexibilidad en la jubilación. Evalúe sus cuentas de jubilación actuales y decida qué aportaciones adicionales tendrán un mayor impacto, en consonancia tanto con su estrategia fiscal como con sus objetivos de jubilación. Puede buscar en Google los límites de cotización, ponerse en contacto con su departamento de RR.HH. o contactar con un asesor financiero.

Revisar periódicamente sus cotizaciones es vital para mantener el rumbo. Utiliza herramientas para controlar tu progreso y asegurarte de que tus aportaciones se ajustan a tu calendario de jubilación. Las aplicaciones financieras como Empower y YNAB, así como las hojas de cálculo, pueden ayudarte a controlar tus ahorros y poner de relieve los aspectos que debes ajustar. A medida que cambie su situación financiera -quizá debido a un aumento de sueldo, un cambio en los gastos o un cambio en los objetivos de jubilación- ajuste sus aportaciones en consecuencia. Si recibe un aumento de sueldo, considere la posibilidad de aumentar proporcionalmente sus aportaciones para la jubilación. Este enfoque no solo aprovecha el aumento de sus ingresos, sino que también acelera su camino hacia la seguridad financiera. También puede ser necesario realizar ajustes en su cartera, asegurándose de que sus inversiones se ajustan a su tolerancia al riesgo y a las condiciones del mercado. El reequilibrio periódico de su cartera puede ayudarle a mantener la asignación de activos deseada, optimizando el crecimiento al tiempo que gestiona el riesgo.

Ejercicio: Maximizar sus contribuciones

Tómese un momento para evaluar su actual estrategia de ahorro. Utilice la siguiente lista de comprobación para evaluar y maximizar sus aportaciones:

1. **Revise las cotizaciones actuales**: ¿Está aprovechando al máximo sus cotizaciones periódicas y compensatorias?
2. **Analizar el gasto discrecional**: Identificar las áreas que deben recortarse y reorientar los fondos hacia el ahorro.

3. **Establezca la automatización**: ¿Ha automatizado sus contribuciones para mantener la coherencia?

4. **Adáptate a los cambios**: ¿Han ajustado las contribuciones en función de los cambios u objetivos financieros recientes?

5. **Revise su cartera**: ¿Se ajustan sus inversiones a su tolerancia al riesgo y a su calendario de jubilación? ¿Qué % de rentabilidad ha obtenido en los últimos 5 años y cómo se compara con otros fondos en el mismo periodo?

Este ejercicio está diseñado para proporcionarle una imagen clara de su situación y de las medidas que puede tomar para mejorar sus ahorros. Poner en práctica estas estrategias puede tener un impacto significativo en su preparación financiera para la jubilación, asegurándose que está bien preparado para este próximo capítulo.

2.2 Aprovechar los planes de jubilación de las empresas

A la hora de considerar el plan de jubilación de su empresa, es fundamental conocer los detalles de lo que ofrecen. La mayoría de las empresas ofrecen planes como el 401(k) o el 403(b), que constituyen potentes herramientas para acumular ahorros. Estos planes suelen incluir la posibilidad de que el empleador haga aportaciones paralelas, lo que puede aumentar significativamente sus ahorros. Piense en las aportaciones de contrapartida de la empresa como dinero gratis que se añade a su cuenta de jubilación, aumentando su rentabilidad potencial sin ningún esfuerzo adicional por su parte. Por ejemplo, si su empresa iguala el 50% de sus aportaciones hasta el 6% de su salario, aportar al menos el 6% le garantiza recibir la totalidad de la aportación. Este escenario ilustra la oportunidad potencial pérdida si contribuye menos y no aprovecha al máximo la igualación. Conocer estos detalles le ayudará a tomar decisiones informadas que maximicen las ventajas del plan de su empresa.

Para aprovechar al máximo la aportación de la empresa, debe asegurarse de que contribuye lo suficiente para recibir la aportación completa. Es sorprendente la cantidad de empleados que, sin darse cuenta, dejan dinero sobre la mesa al no maximizar sus aportaciones. Imaginemos que un empleado solo aporta el 3% de su salario, mientras que su empresa le ofrece una aportación equivalente hasta el 6%. En este caso, se está perdiendo un 3% adicional que podría haberse incrementado con el tiempo. Para evitarlo, tome las medidas necesarias para ajustar sus aportaciones al límite máximo de igualación. Revise las condiciones de su plan y ajuste sus aportaciones en consecuencia. Si no está seguro de cuál es la aportación máxima, consulte a su departamento de RR.HH. o al administrador del plan. Si se asegura de aportar lo suficiente para recibir la totalidad de la aportación, aumentará significativamente su potencial de ahorro para la jubilación.

Aumentar su participación en los planes de jubilación de la empresa suele requerir una planificación estratégica. Una técnica eficaz consiste en utilizar las funciones de aumento automático, que incrementan gradualmente su porcentaje de aportaciones a lo largo del tiempo. Esta función le permite empezar con un porcentaje manejable y aumentar progresivamente, normalmente una vez al año, hasta alcanzar el nivel de aportación deseado. Este aumento gradual puede hacer que el proceso sea menos desalentador, permitiéndote adaptarse a un porcentaje de ahorro más elevado sin sentir el impacto financiero inmediato. Además, la inscripción temprana en nuevos planes puede tener importantes beneficios a largo plazo. Si empieza a ahorrar en cuanto cumpla los requisitos, aprovechará al máximo el interés compuesto, lo que permitirá que su dinero crezca durante más tiempo. Este comienzo temprano puede suponer una diferencia significativa en la cantidad total que se ahorre para la jubilación.

Revisar y optimizar las asignaciones de su plan es otro aspecto crucial del aprovechamiento de los planes de jubilación de la empresa. Dentro de su plan 401(k), la diversificación es clave para gestionar el riesgo y maximizar el rendimiento. La diversificación implica repartir sus inversiones entre varias clases de activos, como acciones, bonos y equivalentes de efectivo, para reducir la exposición al riesgo. Esta estrategia ayuda a proteger su cartera de la volatilidad del mercado, garantizando que no todas sus inversiones se vean afectadas por una caída en un sector. También es esencial equilibrar la cartera con regularidad. Se trata de ajustar la combinación de activos a sus objetivos de jubilación y a su tolerancia al riesgo. Por ejemplo, a medida que se acerca su jubilación, es posible que desee optar por inversiones más conservadoras para preservar su capital. También puede ser necesario cambiar los fondos de su plan si los actuales no rinden lo suficiente. Al participar activamente en la gestión de su plan de jubilación, se asegura de que siga satisfaciendo sus necesidades y objetivos cambiantes. Debería poder realizar todos estos cambios en su portal online de fondos de jubilación.

Al considerar estas estrategias, recuerde que el plan de jubilación de su empresa es algo más que un simple vehículo de ahorro; es una piedra angular de su estrategia de jubilación. Si conoce a fondo las opciones disponibles, aprovecha al máximo las aportaciones complementarias y optimiza sus asignaciones de inversión, puede mejorar significativamente su seguridad financiera en la jubilación. Dedique tiempo a revisar su plan con regularidad y a realizar los ajustes necesarios, asegurándose de que se ajusta a sus circunstancias y objetivos cambiantes. Si aprovecha estas oportunidades, podrá disfrutar de una jubilación más segura y cómoda.

2.3 Explorar fuentes de ingresos alternativas

La jubilación no tiene por qué significar el fin de la generación de ingresos. Algunas personas no quieren dejar de trabajar, y si es su caso, no hay problema. De hecho, explorar fuentes de ingresos alternativas puede ser una forma estratégica de reforzar tus ahorros para la jubilación. Una opción popular es trabajar por cuenta propia o como consultor basándose en las habilidades que ha perfeccionado a lo largo de su carrera. Tal vez se te dé bien escribir, enseñar o dar consejos especializados. Son habilidades valiosas que pueden rentabilizarse sin el compromiso de un trabajo a tiempo completo. Por ejemplo, puede ofrecer servicios de consultoría en su campo o escribir artículos para publicaciones del sector. Esto no solo complementa tus ingresos, sino que te mantiene mentalmente comprometido y conectado con el mundo profesional. Además, rentabilizar aficiones y pasiones puede ser una forma gratificante de generar ingresos. Ya sea la artesanía, la fotografía o la carpintería, convertir un pasatiempo querido en un negocio secundario puede proporcionar satisfacción económica y personal.

Evaluar la viabilidad de las actividades secundarias exige valorar detenidamente los ingresos potenciales y la inversión de tiempo. Pensemos en la historia de Jane, una profesora jubilada que empezó a dar clases particulares por Internet. Empezó con unas pocas horas a la semana, y poco a poco fue creando una base de clientes que le proporcionó unos ingresos constantes. Su éxito se debió a que aprovechó sus conocimientos y estableció expectativas realistas sobre su disponibilidad. Compaginar un trabajo paralelo con la jubilación puede ser un reto, por lo que la gestión eficaz del tiempo es crucial. Desarrolle un horario que le permita disfrutar del tiempo libre mientras dedica horas específicas a su empresa. Tenga en cuenta el riesgo asociado a la puesta en marcha de un negocio durante la jubilación. Existe la posibilidad de que la inversión inicial de tiempo y recursos no produzca los beneficios esperados. Es vital emprender esta empresa con un conocimiento claro de estos riesgos, para asegurarse de que no está poniendo en peligro su seguridad financiera

Para quienes buscan una participación menos activa, los flujos de ingresos pasivos ofrecen una alternativa atractiva. Las inversiones inmobiliarias de alquiler son una opción habitual, ya que proporcionan ingresos regulares con la posibilidad de revalorizar la propiedad con el tiempo. Poseer propiedades de alquiler requiere un esfuerzo inicial de adquisición y gestión, pero una vez establecidas pueden generar un flujo de ingresos constante. Además, pueden ser gestionadas por un administrador de fincas para que usted no tenga que preocuparse por nada. Otra opción son las acciones que pagan dividendos, que ofrecen ingresos a través de los beneficios de la empresa distribuidos a los accionistas. Esta opción le permite beneficiarse del crecimiento del mercado al tiempo que recibe ingresos periódicos. Ambas vías requieren una cuidadosa investigación y consideración de las condiciones del mercado, pero pueden mejorar significativamente su cartera financiera sin necesidad de una supervisión constante.

El siguiente paso es integrar los ingresos adicionales en su estrategia de ahorro. Los sistemas de depósito directo pueden canalizar automáticamente sus ingresos secundarios hacia las cuentas de jubilación, garantizando que los fondos adicionales se utilicen de forma inteligente. Puede considerar esta posibilidad o utilizar este dinero para vivir mientras no retira tanto de sus cuentas de jubilación.

Este proceso automatizado reduce la tentación de gastar el dinero en otra cosa, reforzando un enfoque de ahorro disciplinado. Ajustar su presupuesto para dar prioridad a las aportaciones de ahorro garantiza que cualquier ingreso adicional se utilice eficazmente. Destina una parte de sus ingresos complementarios a cubrir gastos inmediatos y, a continuación, destine los fondos restantes a aumentar sus ahorros para la jubilación. Este enfoque metódico no solo aumenta su seguridad financiera, sino que también le infunde una sensación de logro al ver crecer sus ahorros.

Sección de reflexión: Evalúe su potencial de ingresos

Tómate un momento para reflexionar sobre tus habilidades, tus pasiones y cómo podrían traducirse en fuentes de ingresos adicionales. Plantéate las siguientes preguntas:

1. ¿Qué habilidades o conocimientos posee que pueden monetizarse?
2. ¿Hay aficiones o intereses que podrías convertir en una empresa rentable?
3. ¿Cuánto tiempo estás dispuesto a dedicar a un negocio secundario? Compaginarlo con tus ganas de viajar o de hacer otras cosas.
4. ¿Cuáles son los riesgos y beneficios potenciales asociados a la fuente de ingresos elegida?
5. ¿Cómo puede asegurarse de que cualquier ingreso adicional beneficie directamente a sus ahorros para la jubilación?

Utilice estas reflexiones para elaborar un plan que aproveche sus talentos únicos y le garantice una jubilación segura desde el punto de vista financiero y satisfactoria desde el punto de vista personal.

2.4 Reducir gastos para aumentar el ahorro

Ante la realidad de los gastos de jubilación y el posible déficit de ahorro, muchos se cuestionan su preparación financiera. Llevar a cabo una revisión exhaustiva de los gastos es un primer paso práctico para identificar las áreas en las que se puede reforzar el ahorro. Empiece por hacer un seguimiento de sus gastos durante uno o dos meses utilizando herramientas y aplicaciones diseñadas para este fin (plataformas como Empower o YNAB ofrecen soluciones sencillas). En mi primer libro, **La libertad financiera hecha fácil**, hablo de esto con gran detalle. Clasifica tus gastos en esenciales y discrecionales, destacando áreas como salir a cenar, ocio y servicios de suscripción. Estas categorías suelen ocultar oportunidades de ahorro. Una vez realizado el seguimiento, examine sus patrones de gasto de forma crítica. ¿Es ese café diario una necesidad, o podría ser un capricho ocasional? Al identificar las áreas de exceso, se crea una hoja de ruta para la eficiencia financiera. Reconocer estos patrones no solo revela dónde puede estar gastando de más, sino que también abre la puerta a hacer ajustes significativos que pueden afectar significativamente a su futuro financiero.

Aplicar medidas de ahorro no significa sacrificar la calidad de vida. Se trata de tomar decisiones inteligentes que mejoren su salud financiera sin sentirse privado. Empiece por ocuparse de las facturas de los servicios públicos; acciones sencillas como desenchufar los aparatos electrónicos cuando no se usan, utilizar electrodomésticos de bajo consumo y ajustar el termostato pueden suponer un ahorro considerable.

En cuanto a la compra de alimentos y la restauración, planifique las comidas y compre a granel para reducir costes. Planificar las comidas semanalmente puede ayudar a evitar las compras impulsivas y la dependencia de la comida para llevar. Comer en casa no tiene por qué ser una obligación; puede ser una oportunidad para explorar nuevas recetas y disfrutar de opciones más saludables. Además, realiza una auditoría de las suscripciones. Los cargos mensuales por servicios de streaming, revistas o suscripciones al gimnasio pueden sumar. Evalúe cuáles utiliza realmente y cancele el resto o utílizalos de forma intermitente cada mes. Este enfoque garantiza que su dinero se gasta en lo que realmente añade valor a su vida, liberando fondos para sus ahorros de jubilación.

Adoptar una mentalidad frugal es fundamental para transformar tus hábitos financieros. Empieza con la atención plena, una práctica que implica ser consciente de tus tendencias de gasto y examinar las motivaciones que hay detrás de ellas.

¿Las compras están motivadas por la necesidad o son una respuesta a desencadenantes emocionales? Practicar la atención plena puede ayudarle a ser más deliberado en sus decisiones de gasto. Entre las técnicas para resistirse a las compras impulsivas se incluyen la creación de un periodo de espera obligatorio antes de realizar compras no esenciales y centrarse en los objetivos a largo plazo por encima de la gratificación inmediata. Visualizar sus objetivos de jubilación puede ser una poderosa motivación para resistirse a la tentación del gasto innecesario. Al cultivar esta mentalidad, se pasa del gasto impulsivo al intencionado, asegurándose de que sus decisiones financieras se ajustan a sus objetivos más amplios.

Canalizar los ahorros derivados de la reducción de gastos hacia su fondo de jubilación es el siguiente paso lógico. Establezca transferencias automáticas de su cuenta corriente a sus cuentas de jubilación, asegurándose de que el dinero ahorrado se pone inmediatamente a trabajar, o pida a su departamento de RR.HH. que se lo deduzca de su sueldo/salario. Esta automatización elimina la tentación de gastar y refuerza un hábito de ahorro disciplinado. Establecer objetivos de ahorro graduales basados en la reducción de gastos puede proporcionar hitos tangibles que celebrar, reforzando un comportamiento financiero positivo. El poder de la capitalización amplifica aún más estos esfuerzos. Al invertir los ahorros, aunque sean modestos, en cuentas de jubilación, se aprovecha el potencial de crecimiento de las aportaciones a lo largo del tiempo. Este enfoque no solo acelera sus ahorros, sino que también crea un impulso hacia una jubilación financieramente segura.

Sección de reflexión: Poner en práctica una mentalidad frugal

Tómese un momento para reflexionar sobre sus hábitos de gasto actuales y cómo se alinean con sus objetivos de jubilación. Plantéate las siguientes preguntas:

1. ¿Qué gastos podría reducir sin afectar a su calidad de vida?
2. ¿Cómo puedes incorporar la atención plena a tus decisiones financieras?
3. ¿Hay compras impulsivas concretas que pueda eliminar?
4. ¿Cómo podrías orientar estos ahorros para mejorar tu futuro financiero?
5. ¿Qué objetivos a largo plazo pueden motivarlos a mantener una mentalidad frugal?

Mientras reflexiona sobre estas cuestiones, recuerde que cada dólar ahorrado hoy tiene el potencial de crecer, acercándose al estilo de vida de jubilación que imagina.

En resumen, reducir los gastos y adoptar una mentalidad frugal puede mejorar significativamente sus ahorros para la jubilación. Revisando diligentemente sus gastos, aplicando medidas de ahorro y reorientando los ahorros hacia sus cuentas de jubilación, creará una base financiera sólida. A medida que avancemos, el próximo capítulo explorará las opciones de inversión inteligentes para fortalecer aún más su plan de jubilación.

No pases al siguiente capítulo sin hacer lo siguiente;

1. Haz el ejercicio sobre cómo maximizar tu contribución
2. Haz el ejercicio sobre el potencial de ingresos en la jubilación
3. Si aún no lo has hecho, haz una lista de tus ingresos y gastos. Si tus gastos son demasiado elevados, ¿dónde puedes reducirlos? Póngalos en práctica de inmediato para obtener resultados rápidos y ganar impulso

Capítulo 3

Inversión inteligente

Imagine que se encuentra en la encrucijada de su futuro financiero y que tiene el poder de moldearlo con las decisiones que tome hoy. Invertir con inteligencia no es solo hacer crecer su dinero; es garantizar la estabilidad y la seguridad en los años venideros. A medida que se acerca la jubilación, estas decisiones son aún más importantes. ¿Cómo navegar por el complejo mundo de las inversiones para crear una cartera que no solamente resista las fluctuaciones del mercado, sino que también se ajuste a sus objetivos financieros? La clave está en crear una cartera diversificada, una estrategia que distribuya el riesgo y aumente la estabilidad, garantizando que sus inversiones sean resistentes y rentables.

La diversificación es más que una palabra de moda: es un principio fundamental que reduce el riesgo y aumenta la estabilidad de su cartera. Al repartir sus inversiones entre varias clases de activos, reduce el riesgo asociado a los malos resultados de una sola inversión. Es como no poner todos los huevos en la misma cesta: si una cesta cae, las demás permanecen intactas. La asignación de activos desempeña un papel crucial en esta estrategia, ya que implica determinar la combinación adecuada de acciones, bonos, bienes inmuebles y materias primas que se ajuste a su tolerancia al riesgo y a sus objetivos financieros. Al equilibrar estos componentes, se crea una cartera diseñada para capear temporales financieros, manteniendo el equilibrio incluso cuando los mercados fluctúan. La reducción de la volatilidad es uno de los principales beneficios de la diversificación, ya que suaviza los altibajos de los movimientos del mercado, proporcionando una trayectoria de crecimiento más consistente. En su cuenta de jubilación, puede conseguirlo distribuyendo sus inversiones entre distintas clases de activos, cada una de las cuales contribuirá a crear una cartera completa y estable

La mayoría de las cuentas de jubilación le ofrecen alguna posibilidad de elegir en qué invertir. Puede elegir una cartera que corresponda al año en que se jubila, que será más agresiva a los 30 y 40 años y más conservadora a los 50 y 60 años. Son ideales para personas que no saben mucho de inversión. Luego, dependiendo del fondo en el que estés, podrás elegir tus propias opciones de inversión, incluidas las acciones individuales.

Si no sabe mucho de inversión, basta con que examine las distintas opciones de su fondo y se fije en la rentabilidad pasada. Aunque no es un indicador del rendimiento futuro, le mostrará qué % de rentabilidad han obtenido en diferentes carteras diversificadas. Si decide cambiar de lo que está actualmente, debería ser un cambio fácil en línea. Además, no tiene por qué ser para siempre, vuelva a comprobarlo cada trimestre para ver cómo progresa y siempre puede volver a cambiar.

Para desarrollar una cartera diversificada, es importante identificar las clases de activos clave y comprender sus funciones. Las acciones ofrecen un alto potencial de rentabilidad y crecimiento, lo que las convierte en un componente esencial para quienes buscan superar la inflación. Los bonos, por su parte, proporcionan ingresos constantes y suelen ser menos volátiles que las acciones, por lo que amortiguan las caídas del mercado. Su rendimiento es menor, en torno al 2% anual, por lo que probablemente solo tendrá un pequeño % de su fondo compuesto por bonos hasta que sea mayor. Las inversiones inmobiliarias añaden otra capa de diversificación, ya que a menudo se mueven independientemente de los mercados de acciones y bonos, proporcionando una cobertura contra la inflación. Las materias primas, como el oro o el petróleo, pueden diversificar aún más su cartera, actuando como salvaguarda frente a la incertidumbre económica. Una cartera bien equilibrada incluye una combinación de estas clases de activos, adaptada a sus objetivos financieros y a su tolerancia al riesgo. La incorporación de inversiones nacionales e internacionales también puede mejorar la diversificación, ya que los mercados mundiales pueden reaccionar de manera diferente a los acontecimientos económicos, distribuyendo el riesgo aún más.

Elaborar una estrategia de diversificación personalizada significa adaptar su cartera a sus objetivos financieros y a su propensión al riesgo. Evaluar su tolerancia individual al riesgo es un paso crucial en este proceso. Considere su nivel de comodidad con las fluctuaciones del mercado y las pérdidas potenciales, así como su horizonte temporal para invertir. Herramientas como el Cuestionario del Inversor de Vanguard pueden ayudarle a calibrar su perfil de riesgo, ofreciéndole recomendaciones para la asignación de activos en función de sus respuestas. Debería volver a realizar este cuestionario cada año para comprobar si su perfil de riesgo ha cambiado, cuando revise el rendimiento de sus fondos. Los modelos de cartera diversificada de muestra ofrecen un punto de partida, ilustrando cómo podrían ser las diferentes asignaciones en función de los distintos niveles de riesgo. Por ejemplo, una cartera de riesgo moderado podría consistir en un 60% de acciones, un 35% de bonos y un 5% de efectivo, mientras que un enfoque más conservador podría inclinarse por un 40% de acciones, un 50% de bonos y un 10% de efectivo. Una vez jubilado, es esencial reevaluar si mantener los mismos fondos que tenía mientras trabajaba o ajustar sus asignaciones para reflejar sus nuevas necesidades de ingresos y su tolerancia al riesgo.

Equilibrar periódicamente su cartera es vital para mantener su asignación de activos objetivo, y garantizar que sus inversiones sigan alineándose con sus objetivos. Con el tiempo, los movimientos del mercado pueden hacer que su combinación de activos se desvíe de su plan original, aumentando potencialmente la exposición al riesgo. El reequilibrio programado implica revisar y ajustar su cartera a intervalos predeterminados, como anual o semestralmente, para volver a alinearse con su asignación deseada. Por otro lado, el equilibrio basado en eventos se produce en respuesta a cambios significativos en el mercado o en la vida. Las funciones de reequilibrio automático que ofrecen plataformas como Digital Advisor® de Vanguard proporcionan una solución cómoda, ya que ajustan automáticamente su cartera para mantener el equilibrio sin necesidad de una supervisión constante. Al utilizar estos métodos, usted mantiene la integridad de su estrategia de inversión, garantizando que siga siendo eficaz y que esté alineada con su cambiante panorama financiero. La mayoría de los fondos se equilibran a medida que compran nuevas acciones, por lo que no tiene que preocuparse demasiado por esto a menos que gestione activamente su propia cartera.

Sección de reflexión: Comprobación de diversificación

Piense en su estrategia de inversión actual y en el papel que desempeña la diversificación. Reflexione sobre lo siguiente:

1. ¿Conoce el equilibrio entre acciones, bonos y otras clases de activos en su cartera?
2. ¿Hasta qué punto se siente cómodo con su nivel de riesgo actual?
3. ¿Ha incorporado inversiones tanto nacionales como internacionales?
4. ¿Cuándo fue la última vez que equilibró su cartera, y está alineada con sus objetivos de jubilación?
5. ¿Puede aprovechar las herramientas de reequilibrio automático para simplificar este proceso?

Reflexionando sobre estas cuestiones, se asegurará de que sus inversiones estén diversificadas, sean estables y se adapten a sus objetivos de jubilación.

3.1 Entender el riesgo y la recompensa

Cada decisión de inversión conlleva dos elementos entrelazados: riesgo y beneficio. Son el yin y el yang de la inversión y se equilibran constantemente. El riesgo implica la posibilidad de que sus inversiones no den los resultados esperados. Puede acarrear pérdidas, pero también es lo que hace que invertir sea apasionante, ya que abre la puerta a posibles recompensas. La recompensa, por su parte, es el rendimiento o beneficio que obtiene de sus inversiones. La relación riesgo-rentabilidad es un concepto fundamental: un mayor rendimiento potencial suele ir acompañado de un mayor riesgo.

Por ejemplo, las acciones suelen considerarse de alto riesgo, pero pueden ofrecer un crecimiento significativo, mientras que los bonos del Estado son de menor riesgo y proporcionan rendimientos constantes, aunque modestos. Comprender este equilibrio es crucial a la hora de planificar su estrategia de inversión, ya que le ayudará a alinear sus opciones con su nivel de comodidad y sus objetivos financieros.

Para evaluar su tolerancia personal al riesgo, es importante empezar por saber hasta qué punto se siente cómodo con los altibajos de la inversión. Los cuestionarios de tolerancia al riesgo, como los que ofrece Vanguard, pueden ser herramientas increíblemente útiles. Ayudan a calibrar su capacidad emocional y financiera para manejar las fluctuaciones de la inversión. Las preguntas suelen explorar su reacción ante la volatilidad del mercado y sus experiencias pasadas con pérdidas financieras.

Los factores psicológicos también influyen: algunas personas son naturalmente más reacias al riesgo, mientras que otras se entusiasman con las posibles ganancias. Su situación financiera actual, sus objetivos futuros, su edad y su percepción del riesgo contribuyen a formar una imagen clara de su tolerancia al riesgo. Reconocer estos elementos le permitirá tomar decisiones con conocimiento de causa, asegurándose de que su estrategia de inversión se ajusta tanto a sus objetivos financieros como a su bienestar emocional.

Una vez que haya evaluado su tolerancia al riesgo, la utilización de estrategias de gestión del riesgo puede ayudarle a mitigar las posibles desventajas, al tiempo que persigue la rentabilidad deseada. Una de estas herramientas son las órdenes stop-loss, que permiten vender automáticamente una acción si su precio cae hasta un determinado nivel. Esto puede protegerse de pérdidas significativas en mercados volátiles. Las estrategias de cobertura, como las opciones o los contratos de futuros, proporcionan otra capa de seguridad, permitiéndole compensar posibles pérdidas en una inversión con ganancias en otra. Solo tendrá que intervenir activamente en las estrategias de stop loss o de cobertura si gestiona usted mismo su cartera; de lo contrario, su gestor de fondos lo hará por usted. A medida que cambie su perfil de riesgo, ya sea por un cambio en sus objetivos financieros o en sus circunstancias vitales, tendrá que ajustar el fondo de su cuenta de jubilación en consecuencia. Esto podría implicar mover fondos de inversiones más agresivas a otras más seguras, asegurándose de que su cartera se mantiene alineada con su tolerancia al riesgo en evolución. Al aplicar estas estrategias, creará un marco sólido que salvaguardar sus inversiones y le permitirá crecer con confianza.

Alinear sus opciones de inversión con su tolerancia al riesgo es vital para mantener una cartera equilibrada y eficaz. Esto significa seleccionar inversiones que se ajusten a su perfil de riesgo, sin exponerse demasiado ni ser excesivamente conservador. Por ejemplo, si su tolerancia al riesgo es baja, le convendría una cartera con abundancia de bonos y efectivo, mientras que si su tolerancia al riesgo es alta, podría optar por una combinación de acciones e inmuebles. A veces es necesario ajustar la cartera en función de la tolerancia al riesgo. Si descubre que la volatilidad del mercado le causa un estrés excesivo o si sus objetivos financieros cambian, considere la posibilidad de equilibrar su cartera para reflejar estos cambios. Inspírese en casos reales de estrategias de inversión ajustadas al riesgo. Por ejemplo, un jubilado que inicialmente tenía una cartera con muchas acciones podría cambiar gradualmente a bonos generadores de ingresos a medida que se acerca la jubilación, priorizando la estabilidad sobre el crecimiento. Estos ajustes garantizan que sus inversiones sigan apoyando sus objetivos a largo plazo, respetando al mismo tiempo su comodidad personal con el riesgo.

Puede cambiar activamente su opción de inversión dentro de su cuenta de jubilación. Sugiero una revisión una vez al año después de recibir su estado de cuenta anual e ir en línea y ver cómo su fondo se ha realizado en comparación con otros fondos dentro de su cuenta de jubilación. Tendrá el perfil de riesgo contra cada fondo y lo que compone la mezcla de ese fondo. Tome una decisión informada en función de su perfil de riesgo, su rendimiento en el pasado y su etapa de la vida.

3.2 Selección de los vehículos de inversión adecuados

Cuando se propone crear una cartera de inversión sólida, las opciones disponibles pueden parecer abrumadoras. Sin embargo, conocer los distintos tipos de instrumentos de inversión es un paso fundamental para elaborar una estrategia que se ajuste a sus objetivos de jubilación. Los fondos de inversión, por ejemplo, son instrumentos de inversión colectiva que le permiten invertir en una selección diversificada de acciones y bonos, gestionados por gestores de fondos profesionales. Ofrecen la ventaja de la diversificación y la gestión profesional, pero suelen conllevar comisiones más elevadas. Los fondos cotizados en bolsa (ETF) son similares, pero se negocian como acciones individuales en una bolsa, por lo que suelen ofrecer ratios de gastos más bajos y una mayor flexibilidad. Las acciones individuales representan la propiedad de una empresa concreta, lo que permite obtener rendimientos potencialmente elevados, pero también conlleva un mayor riesgo. Los bonos, por su parte, son instrumentos de deuda en los que se presta dinero a un emisor a cambio del pago periódico de intereses y la eventual devolución del principal. Suelen ser más estables que las acciones, pero ofrecen menores rendimientos. Cada uno de estos instrumentos tiene sus ventajas e inconvenientes, y la clave está en comprender cómo encajan en su plan financiero global.

Los costes y comisiones de inversión pueden afectar significativamente a sus rendimientos, por lo que es esencial evaluarlos cuidadosamente. Los ratios de gastos, que son comisiones anuales expresadas como porcentaje de los activos medios del fondo, pueden erosionar su rentabilidad con el tiempo, sobre todo en el caso de los fondos de inversión y los ETF. Una diferencia aparentemente pequeña en los coeficientes de gastos puede acumularse con los años y mermar sus ahorros. Las comisiones de transacción, a menudo asociadas a la compra y venta de acciones, y los costes ocultos, como las comisiones de gestión, pueden mermar aún más sus beneficios. Para minimizar estos costes, considere los fondos indexados de bajo coste o los ETF que siguen índices de mercado con ratios de gastos más bajos. Además, conozca las estructuras de comisiones de sus inversiones y busque la transparencia de los asesores financieros, asegurándose de que comprende el coste real de la gestión de su cartera. Esto debería ser transparente en la declaración anual de rentabilidad que recibe cada año.

Las implicaciones fiscales de sus inversiones también pueden tener un efecto profundo en sus ahorros para la jubilación. Las cuentas con impuestos diferidos, como las IRA tradicionales y las 401(k)s, le permiten aplazar los impuestos sobre sus aportaciones y ganancias hasta que las retire durante la jubilación. Esto puede ser beneficioso si espera estar en un tramo impositivo más bajo cuando se jubile. Sin embargo, las cuentas sujetas a impuestos le obligan a pagar anualmente impuestos sobre los dividendos y las plusvalías, lo que puede reducir su rentabilidad total. Estrategias como la compensación de pérdidas fiscales pueden ayudarle a compensar las ganancias vendiendo valores con pérdidas para reducir sus ingresos imponibles. Este enfoque requiere una planificación cuidadosa, pero puede mejorar la eficiencia fiscal, preservando más de su riqueza ganada con esfuerzo. Una vez más, esto es para las personas que gestionan su propio fondo y solo debe hacerse si cree que el valor que está vendiendo no mejorará con el tiempo. Si participa en un fondo gestionado, no tendrá que preocuparse por esto.

Seleccionar inversiones que se ajusten a sus objetivos de jubilación implica adaptar sus opciones a los objetivos a corto y largo plazo. Los objetivos a corto plazo pueden incluir la generación de ingresos para cubrir los gastos diarios, mientras que los objetivos a largo plazo se centran en el crecimiento para superar la inflación. Las carteras de inversión basadas en objetivos se adaptan a estas necesidades, equilibrando el riesgo y la rentabilidad en función de sus circunstancias personales y su edad. Por ejemplo, si está a punto de jubilarse, puede dar prioridad a las inversiones que producen ingresos, como los bonos o las acciones que pagan dividendos. Por el contrario, si tiene un horizonte temporal más largo, puede inclinarse por inversiones orientadas al crecimiento, como acciones o bienes inmuebles

Decidir si trasladar su cuenta de jubilación de un fondo del trabajo a un nuevo fondo de inversión cuando se jubile es una consideración importante. Algunos prefieren traspasar su 401(k) a una cuenta IRA para tener un mayor control y más opciones de inversión, mientras que otros pueden optar por mantener sus fondos dentro del plan de la empresa. Cada decisión debe evaluarse en función de las comisiones, las opciones de inversión y su adecuación a la evolución de su estrategia de jubilación. Este es un buen momento para sentarse con un asesor financiero para que pueda guiarle a través de esta transición y asegurarse de que no hace nada que afecte a su situación fiscal o al saldo de su fondo.

3.3 Adaptar las inversiones a medida que se envejece

A medida que se acerca su jubilación, su estrategia de inversión debe evolucionar para reflejar su cambiante panorama financiero. El cambio de inversiones centradas en el crecimiento a inversiones centradas en los ingresos es fundamental. Durante sus años de trabajo, es posible que haya dado prioridad a las acciones de alto crecimiento para acumular riqueza. Ahora, al entrar en la jubilación, la estabilidad y unos ingresos constantes son primordiales. Esta transición a menudo implica aumentar la proporción de bonos en su cartera. Los bonos proporcionan pagos regulares de intereses, actuando como un flujo de ingresos constante. Una estrategia eficaz consiste en escalar los vencimientos de los bonos a lo largo de varios años. Este enfoque garantiza que una parte de sus bonos venza anualmente, proporcionando ingresos regulares a la vez que le protege contra las fluctuaciones de los tipos de interés. A medida que cambia su enfoque de inversión, estos ajustes ayudan a asegurar una base financiera estable, garantizando que sus fondos de jubilación duren tanto como los necesite.

Las estrategias de inversión a lo largo de la vida ofrecen un enfoque automatizado para ajustar su cartera a medida que envejece. Los fondos con fecha objetivo, por ejemplo, cambian automáticamente de inversiones orientadas al crecimiento a otras más conservadoras a medida que se acerca la fecha objetivo de jubilación. Ofrecen simplicidad, ya que requieren poca gestión práctica. Sin embargo, algunos inversores prefieren personalizar sus estrategias, adaptando la asignación de activos a sus necesidades personales y a su tolerancia al riesgo. Las estrategias de ciclo vital personalizadas pueden implicar el ajuste manual de la cartera, lo que permite una mayor flexibilidad y control. Tanto si opta por un fondo con fecha objetivo como por un enfoque personalizado, ambas estrategias pretenden equilibrar el riesgo y la rentabilidad, adaptándose a la evolución de sus objetivos financieros. La clave está en encontrar un camino que se ajuste a su nivel de comodidad y a sus objetivos a largo plazo, garantizando que su cartera siga respaldando su estilo de vida a medida que envejece.

Controlar los cambios en sus necesidades financieras es esencial en la transición a la jubilación. Evaluar periódicamente su situación le permitirá tomar decisiones con conocimiento de causa, alineando las inversiones con sus objetivos actuales. Los acontecimientos de la vida, como un cambio de salud o unos gastos inesperados, pueden exigir ajustes en su estrategia. Puede que necesite aumentar la liquidez o ajustar la asignación de activos para adaptarse a estos cambios. Contratar a un asesor financiero puede ofrecerle información valiosa y ayudarle a tomar decisiones complejas con confianza. Los asesores proporcionan orientación personalizada, evaluando el rendimiento de su cartera y sugiriendo ajustes para optimizar los rendimientos al tiempo que se gestiona el riesgo. Su experiencia puede ser especialmente beneficiosa en periodos de incertidumbre, ya que garantiza que sus inversiones se mantengan alineadas con sus objetivos financieros y sus necesidades cambiantes.

Al llegar a cierta edad, normalmente los 72 años, las distribuciones mínimas obligatorias (RMD) de las cuentas de jubilación se convierten en una necesidad legal. Comprender los RMD es crucial, ya que no retirar la cantidad mínima puede acarrear importantes penalizaciones. El cálculo de los RMD implica dividir el saldo de su cuenta por un factor de esperanza de vida, determinado por las tablas del IRS. Un calendario estratégico de estas retiradas puede minimizar el impacto fiscal. Por ejemplo, considere la posibilidad de repartir las distribuciones a lo largo del año para evitar caer en un tramo impositivo más alto. Otra estrategia consiste en retirar más del mínimo durante los años con ingresos más bajos, lo que le permite gestionar eficazmente su responsabilidad fiscal. Además, algunos jubilados optan por convertir una parte de su cuenta IRA tradicional en una cuenta IRA Roth antes de que comiencen las RMD.

Esta conversión puede reducir los RMD futuros y proporcionar retiros libres de impuestos más adelante. Ser proactivo con respecto a los RMD ayuda a preservar su patrimonio, garantizando que sus fondos de jubilación se utilicen de forma eficiente y eficaz durante toda su vida.

3.4 Evitar los errores de inversión más comunes

Invertir es un camino lleno de oportunidades, pero también está plagado de trampas que pueden hacer descarrilar hasta los planes mejor intencionados. Uno de los errores más comunes que cometen los inversores es permitir que las emociones dictan sus decisiones, especialmente en mercados volátiles. Cuando el mercado bursátil experimenta oscilaciones significativas, es fácil caer en la trampa de las ventas por pánico o de las compras impulsivas, con la esperanza de sacar provecho de las fluctuaciones a corto plazo. Esta toma de decisiones emocional puede llevar a comprar caro y vender barato, erosionando los ahorros que tanto le ha costado ganar. Para evitarlo, adopte un enfoque disciplinado, basado en su estrategia a largo plazo, en lugar de reaccionar al ruido diario del mercado. La concentración excesiva en un único valor o sector es otro escollo. Aunque pueda parecer tentador invertir fuertemente en un valor de alto rendimiento o en un sector en el que cree, este planteamiento puede resultar contraproducente si ese sector se enfrenta a una recesión. Diversificar sus inversiones en distintos sectores y clases de activos, reduce el riesgo y amortigua los cambios inesperados del mercado.

Las tendencias históricas de los mercados ofrecen lecciones inestimables para los inversores actuales. El estudio de las burbujas y los desplomes del mercado en el pasado permite comprender mejor las pautas y los comportamientos que suelen preceder a los acontecimientos importantes del mercado. La burbuja de las puntocom de finales de los noventa y el desplome del mercado inmobiliario en 2008 nos recuerdan con crudeza los peligros del exceso especulativo y del apalancamiento excesivo. Estos errores históricos subrayan la importancia de mantener una cartera equilibrada y evitar la tentación de perseguir la última moda del mercado. Comprender que los mercados se mueven en ciclos ayuda a moderar las expectativas, lo que permite prepararse para las caídas y aprovechar las subidas. Este conocimiento es una herramienta poderosa que le permitirá sortear las trampas habituales y tomar decisiones de inversión con conocimiento de causa.

Un enfoque de inversión disciplinado es crucial para el éxito a largo plazo. Esto implica seguir una estrategia bien definida, a menudo recogida en una declaración de política de inversión (IPS). Su IPS actúa como un plan personal, describiendo sus objetivos de inversión, tolerancia al riesgo y directrices de asignación de activos. Merece la pena revisar anualmente para asegurarse de que sigue siendo relevante y actualizarla si es necesario. Sirve como una fuerza estabilizadora, guiando sus decisiones y ayudándole a mantenerse centrado en sus objetivos, incluso cuando los mercados son turbulentos. Entre las técnicas para mantener el rumbo figuran el establecimiento de expectativas realistas, la revisión periódica de la estrategia y la resistencia a los cambios impulsivos basados en los movimientos del mercado a corto plazo. Para quienes prefieran no intervenir, las casas de inversión y fondos como Vanguard ofrecen cuentas de jubilación gestionadas, en las que profesionales supervisan su cartera, asegurándose de que se ajusta a su estrategia y objetivos. Estos servicios aportan tranquilidad y le permiten disfrutar de la jubilación sin el estrés de la gestión diaria de las inversiones.

La mejora continua de su estrategia de inversión se consigue incorporando circuitos de retroalimentación. Revisar y reflexionar periódicamente sobre el rendimiento de su cartera le permite identificar las áreas que deben mejorarse o ajustarse. Este proceso de autoevaluación, combinado con los comentarios de los asesores financieros, permite realizar adaptaciones informadas que perfeccionan su enfoque. Los asesores pueden ofrecer una valiosa perspectiva, recurriendo a su experiencia, para destacar posibles mejoras o ajustes justificados por las cambiantes condiciones del mercado o las circunstancias personales. Un ejemplo de cartera equilibrada de una empresa como Vanguard ilustra las ventajas de este enfoque, mostrando cómo los ajustes automáticos pueden mantener la asignación de activos deseada sin una intervención manual constante. Este proceso continuo de aprendizaje y adaptación garantiza que su estrategia de inversión evolucione con usted, manteniéndose eficaz y alineada con sus objetivos de jubilación.

Mientras navega por el mundo de las inversiones, recuerde que para evitar las trampas más comunes se requiere una mezcla de conocimientos históricos, estrategias disciplinadas y un compromiso de mejora continua. Este enfoque proactivo no solo salvaguarda su futuro financiero, si no que también le permite tomar decisiones informadas y con confianza. Al pasar al siguiente capítulo, exploraremos cómo integrar estas opciones de inversión en un plan de jubilación completo, garantizando un futuro financieramente seguro y satisfactorio.

No pases al siguiente capítulo sin hacer lo siguiente;

1. Accede a tu cuenta de jubilación por Internet y averigua en qué tipo de fondo estás inscrito. Comprueba su rentabilidad en los últimos 3 años y su ratio de gastos.
2. ¿Necesita cambiar su fondo de inversión a algo más o menos agresivo en función de su etapa vital?
3. Ir a Vanguard y rellenar el cuestionario de riesgo
4. ¿Necesita concertar una cita con un asesor financiero para empezar a planificar su transición al mundo laboral?

Capítulo 4

Inversión inteligente

Imagine que se encuentra en la encrucijada de su futuro financiero y que tiene el poder de moldearlo con las decisiones que tome hoy. Invertir con inteligencia no es solo hacer crecer su dinero; es garantizar la estabilidad y la seguridad en los años venideros. A medida que se acerca la jubilación, estas decisiones son aún más importantes. ¿Cómo navegar por el complejo mundo de las inversiones para crear una cartera que no solamente resista las fluctuaciones del mercado, sino que también se ajuste a sus objetivos financieros? La clave está en crear una cartera diversificada, una estrategia que distribuya el riesgo y aumente la estabilidad, garantizando que sus inversiones sean resistentes y rentables.

La diversificación es más que una palabra de moda: es un principio fundamental que reduce el riesgo y aumenta la estabilidad de su cartera. Al repartir sus inversiones entre varias clases de activos, reduce el riesgo asociado a los malos resultados de una sola inversión. Es como no poner todos los huevos en la misma cesta: si una cesta cae, las demás permanecen intactas. La asignación de activos desempeña un papel crucial en esta estrategia, ya que implica determinar la combinación adecuada de acciones, bonos, bienes inmuebles y materias primas que se ajuste a su tolerancia al riesgo y a sus objetivos financieros. Al equilibrar estos componentes, se crea una cartera diseñada para capear temporales financieros, manteniendo el equilibrio incluso cuando los mercados fluctúan. La reducción de la volatilidad es uno de los principales beneficios de la diversificación, ya que suaviza los altibajos de los movimientos del mercado, proporcionando una trayectoria de crecimiento más consistente. En su cuenta de jubilación, puede conseguirlo distribuyendo sus inversiones entre distintas clases de activos, cada una de las cuales contribuirá a crear una cartera completa y estable

La mayoría de las cuentas de jubilación le ofrecen alguna posibilidad de elegir en qué invertir. Puede elegir una cartera que corresponda al año en que se jubila, que será más agresiva a los 30 y 40 años y más conservadora a los 50 y 60 años. Son ideales para personas que no saben mucho de inversión. Luego, dependiendo del fondo en el que estés, podrás elegir tus propias opciones de inversión, incluidas las acciones individuales.

Si no sabe mucho de inversión, basta con que examine las distintas opciones de su fondo y se fije en la rentabilidad pasada. Aunque no es un indicador del rendimiento futuro, le mostrará qué % de rentabilidad han obtenido en diferentes carteras diversificadas. Si decide cambiar de lo que está actualmente, debería ser un cambio fácil en línea. Además, no tiene por qué ser para siempre, vuelva a comprobarlo cada trimestre para ver cómo progresa y siempre puede volver a cambiar.

Para desarrollar una cartera diversificada, es importante identificar las clases de activos clave y comprender sus funciones. Las acciones ofrecen un alto potencial de rentabilidad y crecimiento, lo que las convierte en un componente esencial para quienes buscan superar la inflación. Los bonos, por su parte, proporcionan ingresos constantes y suelen ser menos volátiles que las acciones, por lo que amortiguan las caídas del mercado. Su rendimiento es menor, en torno al 2% anual, por lo que probablemente solo tendrá un pequeño % de su fondo compuesto por bonos hasta que sea mayor. Las inversiones inmobiliarias añaden otra capa de diversificación, ya que a menudo se mueven independientemente de los mercados de acciones y bonos, proporcionando una cobertura contra la inflación. Las materias primas, como el oro o el petróleo, pueden diversificar aún más su cartera, actuando como salvaguarda frente a la incertidumbre económica. Una cartera bien equilibrada incluye una combinación de estas clases de activos, adaptada a sus objetivos financieros y a su tolerancia al riesgo. La incorporación de inversiones nacionales e internacionales también puede mejorar la diversificación, ya que los mercados mundiales pueden reaccionar de manera diferente a los acontecimientos económicos, distribuyendo el riesgo aún más.

Elaborar una estrategia de diversificación personalizada significa adaptar su cartera a sus objetivos financieros y a su propensión al riesgo. Evaluar su tolerancia individual al riesgo es un paso crucial en este proceso. Considere su nivel de comodidad con las fluctuaciones del mercado y las pérdidas potenciales, así como su horizonte temporal para invertir. Herramientas como el Cuestionario del Inversor de Vanguard pueden ayudarle a calibrar su perfil de riesgo, ofreciéndole recomendaciones para la asignación de activos en función de sus respuestas. Debería volver a realizar este cuestionario cada año para comprobar si su perfil de riesgo ha cambiado, cuando revise el rendimiento de sus fondos. Los modelos de cartera diversificada de muestra ofrecen un punto de partida, ilustrando cómo podrían ser las diferentes asignaciones en función de los distintos niveles de riesgo. Por ejemplo, una cartera de riesgo moderado podría consistir en un 60% de acciones, un 35% de bonos y un 5% de efectivo, mientras que un enfoque más conservador podría inclinarse por un 40% de acciones, un 50% de bonos y un 10% de efectivo. Una vez jubilado, es esencial reevaluar si mantener los mismos fondos que tenía mientras trabajaba o ajustar sus asignaciones para reflejar sus nuevas necesidades de ingresos y su tolerancia al riesgo.

Equilibrar periódicamente su cartera es vital para mantener su asignación de activos objetivo, y garantizar que sus inversiones sigan alineándose con sus objetivos. Con el tiempo, los movimientos del mercado pueden hacer que su combinación de activos se desvíe de su plan original, aumentando potencialmente la exposición al riesgo. El reequilibrio programado implica revisar y ajustar su cartera a intervalos predeterminados, como anual o semestralmente, para volver a alinearse con su asignación deseada. Por otro lado, el equilibrio basado en eventos se produce en respuesta a cambios significativos en el mercado o en la vida. Las funciones de reequilibrio automático que ofrecen plataformas como Digital Advisor® de Vanguard proporcionan una solución cómoda, ya que ajustan automáticamente su cartera para mantener el equilibrio sin necesidad de una supervisión constante. Al utilizar estos métodos, usted mantiene la integridad de su estrategia de inversión, garantizando que siga siendo eficaz y que esté alineada con su cambiante panorama financiero. La mayoría de los fondos se equilibran a medida que compran nuevas acciones, por lo que no tiene que preocuparse demasiado por esto a menos que gestione activamente su propia cartera.

Sección de reflexión: Comprobación de diversificación

Piense en su estrategia de inversión actual y en el papel que desempeña la diversificación. Reflexione sobre lo siguiente:

1. ¿Conoce el equilibrio entre acciones, bonos y otras clases de activos en su cartera?
2. ¿Hasta qué punto se siente cómodo con su nivel de riesgo actual?
3. ¿Ha incorporado inversiones tanto nacionales como internacionales?
4. ¿Cuándo fue la última vez que equilibró su cartera, y está alineada con sus objetivos de jubilación?
5. ¿Puede aprovechar las herramientas de reequilibrio automático para simplificar este proceso?

Reflexionando sobre estas cuestiones, se asegurará de que sus inversiones estén diversificadas, sean estables y se adapten a sus objetivos de jubilación.

4.1 Entender el riesgo y la recompensa

Cada decisión de inversión conlleva dos elementos entrelazados: riesgo y beneficio. Son el yin y el yang de la inversión y se equilibran constantemente. El riesgo implica la posibilidad de que sus inversiones no den los resultados esperados. Puede acarrear pérdidas, pero también es lo que hace que invertir sea apasionante, ya que abre la puerta a posibles recompensas. La recompensa, por su parte, es el rendimiento o beneficio que obtiene de sus inversiones. La relación riesgo-rentabilidad es un concepto fundamental: un mayor rendimiento potencial suele ir acompañado de un mayor riesgo.

Por ejemplo, las acciones suelen considerarse de alto riesgo, pero pueden ofrecer un crecimiento significativo, mientras que los bonos del Estado son de menor riesgo y proporcionan rendimientos constantes, aunque modestos. Comprender este equilibrio es crucial a la hora de planificar su estrategia de inversión, ya que le ayudará a alinear sus opciones con su nivel de comodidad y sus objetivos financieros.

Para evaluar su tolerancia personal al riesgo, es importante empezar por saber hasta qué punto se siente cómodo con los altibajos de la inversión. Los cuestionarios de tolerancia al riesgo, como los que ofrece Vanguard, pueden ser herramientas increíblemente útiles. Ayudan a calibrar su capacidad emocional y financiera para manejar las fluctuaciones de la inversión. Las preguntas suelen explorar su reacción ante la volatilidad del mercado y sus experiencias pasadas con pérdidas financieras.

Los factores psicológicos también influyen: algunas personas son naturalmente más reacias al riesgo, mientras que otras se entusiasman con las posibles ganancias. Su situación financiera actual, sus objetivos futuros, su edad y su percepción del riesgo contribuyen a formar una imagen clara de su tolerancia al riesgo. Reconocer estos elementos le permitirá tomar decisiones con conocimiento de causa, asegurándose de que su estrategia de inversión se ajusta tanto a sus objetivos financieros como a su bienestar emocional.

Una vez que haya evaluado su tolerancia al riesgo, la utilización de estrategias de gestión del riesgo puede ayudarle a mitigar las posibles desventajas, al tiempo que persigue la rentabilidad deseada. Una de estas herramientas son las órdenes stop-loss, que permiten vender automáticamente una acción si su precio cae hasta un determinado nivel. Esto puede protegerse de pérdidas significativas en mercados volátiles. Las estrategias de cobertura, como las opciones o los contratos de futuros, proporcionan otra capa de seguridad, permitiéndole compensar posibles pérdidas en una inversión con ganancias en otra. Solo tendrá que intervenir activamente en las estrategias de stop loss o de cobertura si gestiona usted mismo su cartera; de lo contrario, su gestor de fondos lo hará por usted. A medida que cambie su perfil de riesgo, ya sea por un cambio en sus objetivos financieros o en sus circunstancias vitales, tendrá que ajustar el fondo de su cuenta de jubilación en consecuencia. Esto podría implicar mover fondos de inversiones más agresivas a otras más seguras, asegurándose de que su cartera se mantiene alineada con su tolerancia al riesgo en evolución. Al aplicar estas estrategias, creará un marco sólido que salvaguardar sus inversiones y le permitirá crecer con confianza.

Alinear sus opciones de inversión con su tolerancia al riesgo es vital para mantener una cartera equilibrada y eficaz. Esto significa seleccionar inversiones que se ajusten a su perfil de riesgo, sin exponerse demasiado ni ser excesivamente conservador. Por ejemplo, si su tolerancia al riesgo es baja, le convendría una cartera con abundancia de bonos y efectivo, mientras que si su tolerancia al riesgo es alta, podría optar por una combinación de acciones e inmuebles. A veces es necesario ajustar la cartera en función de la tolerancia al riesgo. Si descubre que la volatilidad del mercado le causa un estrés excesivo o si sus objetivos financieros cambian, considere la posibilidad de equilibrar su cartera para reflejar estos cambios. Inspírese en casos reales de estrategias de inversión ajustadas al riesgo. Por ejemplo, un jubilado que inicialmente tenía una cartera con muchas acciones podría cambiar gradualmente a bonos generadores de ingresos a medida que se acerca la jubilación, priorizando la estabilidad sobre el crecimiento. Estos ajustes garantizan que sus inversiones sigan apoyando sus objetivos a largo plazo, respetando al mismo tiempo su comodidad personal con el riesgo.

Puede cambiar activamente su opción de inversión dentro de su cuenta de jubilación. Sugiero una revisión una vez al año después de recibir su estado de cuenta anual e ir en línea y ver cómo su fondo se ha realizado en comparación con otros fondos dentro de su cuenta de jubilación. Tendrá el perfil de riesgo contra cada fondo y lo que compone la mezcla de ese fondo. Tome una decisión informada en función de su perfil de riesgo, su rendimiento en el pasado y su etapa de la vida.

4.2 Selección de los vehículos de inversión adecuados

Cuando se propone crear una cartera de inversión sólida, las opciones disponibles pueden parecer abrumadoras. Sin embargo, conocer los distintos tipos de instrumentos de inversión es un paso fundamental para elaborar una estrategia que se ajuste a sus objetivos de jubilación. Los fondos de inversión, por ejemplo, son instrumentos de inversión colectiva que le permiten invertir en una selección diversificada de acciones y bonos, gestionados por gestores de fondos profesionales. Ofrecen la ventaja de la diversificación y la gestión profesional, pero suelen conllevar comisiones más elevadas. Los fondos cotizados en bolsa (ETF) son similares, pero se negocian como acciones individuales en una bolsa, por lo que suelen ofrecer ratios de gastos más bajos y una mayor flexibilidad. Las acciones individuales representan la propiedad de una empresa concreta, lo que permite obtener rendimientos potencialmente elevados, pero también conlleva un mayor riesgo. Los bonos, por su parte, son instrumentos de deuda en los que se presta dinero a un emisor a cambio del pago periódico de intereses y la eventual devolución del principal. Suelen ser más estables que las acciones, pero ofrecen menores rendimientos. Cada uno de estos instrumentos tiene sus ventajas e inconvenientes, y la clave está en comprender cómo encajan en su plan financiero global.

Los costes y comisiones de inversión pueden afectar significativamente a sus rendimientos, por lo que es esencial evaluarlos cuidadosamente. Los ratios de gastos, que son comisiones anuales expresadas como porcentaje de los activos medios del fondo, pueden erosionar su rentabilidad con el tiempo, sobre todo en el caso de los fondos de inversión y los ETF. Una diferencia aparentemente pequeña en los coeficientes de gastos puede acumularse con los años y mermar sus ahorros. Las comisiones de transacción, a menudo asociadas a la compra y venta de acciones, y los costes ocultos, como las comisiones de gestión, pueden mermar aún más sus beneficios. Para minimizar estos costes, considere los fondos indexados de bajo coste o los ETF que siguen índices de mercado con ratios de gastos más bajos. Además, conozca las estructuras de comisiones de sus inversiones y busque la transparencia de los asesores financieros, asegurándose de que comprende el coste real de la gestión de su cartera. Esto debería ser transparente en la declaración anual de rentabilidad que recibe cada año.

Las implicaciones fiscales de sus inversiones también pueden tener un efecto profundo en sus ahorros para la jubilación. Las cuentas con impuestos diferidos, como las IRA tradicionales y las 401(k)s, le permiten aplazar los impuestos sobre sus aportaciones y ganancias hasta que las retire durante la jubilación. Esto puede ser beneficioso si espera estar en un tramo impositivo más bajo cuando se jubile. Sin embargo, las cuentas sujetas a impuestos le obligan a pagar anualmente impuestos sobre los dividendos y las plusvalías, lo que puede reducir su rentabilidad total. Estrategias como la compensación de pérdidas fiscales pueden ayudarle a compensar las ganancias vendiendo valores con pérdidas para reducir sus ingresos imponibles. Este enfoque requiere una planificación cuidadosa, pero puede mejorar la eficiencia fiscal, preservando más de su riqueza ganada con esfuerzo. Una vez más, esto es para las personas que gestionan su propio fondo y solo debe hacerse si cree que el valor que está vendiendo no mejorará con el tiempo. Si participa en un fondo gestionado, no tendrá que preocuparse por esto.

Seleccionar inversiones que se ajusten a sus objetivos de jubilación implica adaptar sus opciones a los objetivos a corto y largo plazo. Los objetivos a corto plazo pueden incluir la generación de ingresos para cubrir los gastos diarios, mientras que los objetivos a largo plazo se centran en el crecimiento para superar la inflación. Las carteras de inversión basadas en objetivos se adaptan a estas necesidades, equilibrando el riesgo y la rentabilidad en función de sus circunstancias personales y su edad. Por ejemplo, si está a punto de jubilarse, puede dar prioridad a las inversiones que producen ingresos, como los bonos o las acciones que pagan dividendos. Por el contrario, si tiene un horizonte temporal más largo, puede inclinarse por inversiones orientadas al crecimiento, como acciones o bienes inmuebles

Decidir si trasladar su cuenta de jubilación de un fondo del trabajo a un nuevo fondo de inversión cuando se jubile es una consideración importante. Algunos prefieren traspasar su 401(k) a una cuenta IRA para tener un mayor control y más opciones de inversión, mientras que otros pueden optar por mantener sus fondos dentro del plan de la empresa. Cada decisión debe evaluarse en función de las comisiones, las opciones de inversión y su adecuación a la evolución de su estrategia de jubilación. Este es un buen momento para sentarse con un asesor financiero para que pueda guiarle a través de esta transición y asegurarse de que no hace nada que afecte a su situación fiscal o al saldo de su fondo.

4.3 Adaptar las inversiones a medida que se envejece

A medida que se acerca su jubilación, su estrategia de inversión debe evolucionar para reflejar su cambiante panorama financiero. El cambio de inversiones centradas en el crecimiento a inversiones centradas en los ingresos es fundamental. Durante sus años de trabajo, es posible que haya dado prioridad a las acciones de alto crecimiento para acumular riqueza. Ahora, al entrar en la jubilación, la estabilidad y unos ingresos constantes son primordiales. Esta transición a menudo implica aumentar la proporción de bonos en su cartera. Los bonos proporcionan pagos regulares de intereses, actuando como un flujo de ingresos constante. Una estrategia eficaz consiste en escalar los vencimientos de los bonos a lo largo de varios años. Este enfoque garantiza que una parte de sus bonos venza anualmente, proporcionando ingresos regulares a la vez que le protege contra las fluctuaciones de los tipos de interés. A medida que cambia su enfoque de inversión, estos ajustes ayudan a asegurar una base financiera estable, garantizando que sus fondos de jubilación duren tanto como los necesite.

Las estrategias de inversión a lo largo de la vida ofrecen un enfoque automatizado para ajustar su cartera a medida que envejece. Los fondos con fecha objetivo, por ejemplo, cambian automáticamente de inversiones orientadas al crecimiento a otras más conservadoras a medida que se acerca la fecha objetivo de jubilación. Ofrecen simplicidad, ya que requieren poca gestión práctica. Sin embargo, algunos inversores prefieren personalizar sus estrategias, adaptando la asignación de activos a sus necesidades personales y a su tolerancia al riesgo. Las estrategias de ciclo vital personalizadas pueden implicar el ajuste manual de la cartera, lo que permite una mayor flexibilidad y control. Tanto si opta por un fondo con fecha objetivo como por un enfoque personalizado, ambas estrategias pretenden equilibrar el riesgo y la rentabilidad, adaptándose a la evolución de sus objetivos financieros. La clave está en encontrar un camino que se ajuste a su nivel de comodidad y a sus objetivos a largo plazo, garantizando que su cartera siga respaldando su estilo de vida a medida que envejece.

Controlar los cambios en sus necesidades financieras es esencial en la transición a la jubilación. Evaluar periódicamente su situación le permitirá tomar decisiones con conocimiento de causa, alineando las inversiones con sus objetivos actuales. Los acontecimientos de la vida, como un cambio de salud o unos gastos inesperados, pueden exigir ajustes en su estrategia. Puede que necesite aumentar la liquidez o ajustar la asignación de activos para adaptarse a estos cambios. Contratar a un asesor financiero puede ofrecerle información valiosa y ayudarle a tomar decisiones complejas con confianza. Los asesores proporcionan orientación personalizada, evaluando el rendimiento de su cartera y sugiriendo ajustes para optimizar los rendimientos al tiempo que se gestiona el riesgo. Su experiencia puede ser especialmente beneficiosa en periodos de incertidumbre, ya que garantiza que sus inversiones se mantengan alineadas con sus objetivos financieros y sus necesidades cambiantes.

Al llegar a cierta edad, normalmente los 72 años, las distribuciones mínimas obligatorias (RMD) de las cuentas de jubilación se convierten en una necesidad legal. Comprender los RMD es crucial, ya que no retirar la cantidad mínima puede acarrear importantes penalizaciones. El cálculo de los RMD implica dividir el saldo de su cuenta por un factor de esperanza de vida, determinado por las tablas del IRS. Un calendario estratégico de estas retiradas puede minimizar el impacto fiscal. Por ejemplo, considere la posibilidad de repartir las distribuciones a lo largo del año para evitar caer en un tramo impositivo más alto. Otra estrategia consiste en retirar más del mínimo durante los años con ingresos más bajos, lo que le permite gestionar eficazmente su responsabilidad fiscal. Además, algunos jubilados optan por convertir una parte de su cuenta IRA tradicional en una cuenta IRA Roth antes de que comiencen las RMD.

Esta conversión puede reducir los RMD futuros y proporcionar retiros libres de impuestos más adelante. Ser proactivo con respecto a los RMD ayuda a preservar su patrimonio, garantizando que sus fondos de jubilación se utilicen de forma eficiente y eficaz durante toda su vida.

4.4 Evitar los errores de inversión más comunes

Invertir es un camino lleno de oportunidades, pero también está plagado de trampas que pueden hacer descarrilar hasta los planes mejor intencionados. Uno de los errores más comunes que cometen los inversores es permitir que las emociones dictan sus decisiones, especialmente en mercados volátiles. Cuando el mercado bursátil experimenta oscilaciones significativas, es fácil caer en la trampa de las ventas por pánico o de las compras impulsivas, con la esperanza de sacar provecho de las fluctuaciones a corto plazo. Esta toma de decisiones emocional puede llevar a comprar caro y vender barato, erosionando los ahorros que tanto le ha costado ganar. Para evitarlo, adopte un enfoque disciplinado, basado en su estrategia a largo plazo, en lugar de reaccionar al ruido diario del mercado. La concentración excesiva en un único valor o sector es otro escollo. Aunque pueda parecer tentador invertir fuertemente en un valor de alto rendimiento o en un sector en el que cree, este planteamiento puede resultar contraproducente si ese sector se enfrenta a una recesión. Diversificar sus inversiones en distintos sectores y clases de activos, reduce el riesgo y amortigua los cambios inesperados del mercado.

Las tendencias históricas de los mercados ofrecen lecciones inestimables para los inversores actuales. El estudio de las burbujas y los desplomes del mercado en el pasado permite comprender mejor las pautas y los comportamientos que suelen preceder a los acontecimientos importantes del mercado. La burbuja de las puntocom de finales de los noventa y el desplome del mercado inmobiliario en 2008 nos recuerdan con crudeza los peligros del exceso especulativo y del apalancamiento excesivo. Estos errores históricos subrayan la importancia de mantener una cartera equilibrada y evitar la tentación de perseguir la última moda del mercado. Comprender que los mercados se mueven en ciclos ayuda a moderar las expectativas, lo que permite prepararse para las caídas y aprovechar las subidas. Este conocimiento es una herramienta poderosa que le permitirá sortear las trampas habituales y tomar decisiones de inversión con conocimiento de causa.

Un enfoque de inversión disciplinado es crucial para el éxito a largo plazo. Esto implica seguir una estrategia bien definida, a menudo recogida en una declaración de política de inversión (IPS). Su IPS actúa como un plan personal, describiendo sus objetivos de inversión, tolerancia al riesgo y directrices de asignación de activos. Merece la pena revisar anualmente para asegurarse de que sigue siendo relevante y actualizarla si es necesario. Sirve como una fuerza estabilizadora, guiando sus decisiones y ayudándole a mantenerse centrado en sus objetivos, incluso cuando los mercados son turbulentos. Entre las técnicas para mantener el rumbo figuran el establecimiento de expectativas realistas, la revisión periódica de la estrategia y la resistencia a los cambios impulsivos basados en los movimientos del mercado a corto plazo. Para quienes prefieran no intervenir, las casas de inversión y fondos como Vanguard ofrecen cuentas de jubilación gestionadas, en las que profesionales supervisan su cartera, asegurándose de que se ajusta a su estrategia y objetivos. Estos servicios aportan tranquilidad y le permiten disfrutar de la jubilación sin el estrés de la gestión diaria de las inversiones.

La mejora continua de su estrategia de inversión se consigue incorporando circuitos de retroalimentación. Revisar y reflexionar periódicamente sobre el rendimiento de su cartera le permite identificar las áreas que deben mejorarse o ajustarse. Este proceso de autoevaluación, combinado con los comentarios de los asesores financieros, permite realizar adaptaciones informadas que perfeccionan su enfoque. Los asesores pueden ofrecer una valiosa perspectiva, recurriendo a su experiencia, para destacar posibles mejoras o ajustes justificados por las cambiantes condiciones del mercado o las circunstancias personales. Un ejemplo de cartera equilibrada de una empresa como Vanguard ilustra las ventajas de este enfoque, mostrando cómo los ajustes automáticos pueden mantener la asignación de activos deseada sin una intervención manual constante. Este proceso continuo de aprendizaje y adaptación garantiza que su estrategia de inversión evolucione con usted, manteniéndose eficaz y alineada con sus objetivos de jubilación.

Mientras navega por el mundo de las inversiones, recuerde que para evitar las trampas más comunes se requiere una mezcla de conocimientos históricos, estrategias disciplinadas y un compromiso de mejora continua. Este enfoque proactivo no solo salvaguarda su futuro financiero, si no que también le permite tomar decisiones informadas y con confianza. Al pasar al siguiente capítulo, exploraremos cómo integrar estas opciones de inversión en un plan de jubilación completo, garantizando un futuro financieramente seguro y satisfactorio.

No pases al siguiente capítulo sin hacer lo siguiente;

1. Accede a tu cuenta de jubilación por Internet y averigua en qué tipo de fondo estás inscrito. Comprueba su rentabilidad en los últimos 3 años y su ratio de gastos.
2. ¿Necesita cambiar su fondo de inversión a algo más o menos agresivo en función de su etapa vital?
3. Ir a Vanguard y rellenar el cuestionario de riesgo
4. ¿Necesita concertar una cita con un asesor financiero para empezar a planificar su transición al mundo laboral?

Capítulo 5

Planificación de la asistencia sanitaria y la atención a largo plazo

Imagínese esto: está listo para disfrutar de sus años dorados, disfrutando de la libertad que promete la jubilación. Sin embargo, detrás de esta visión idílica se esconde la posible carga financiera de los costos de salud. Es una realidad que muchos pasan por alto, pero es tan esencial para planificar su jubilación como ahorrar e invertir. Los gastos sanitarios pueden ser una preocupación importante, sobre todo a medida que envejece y puede tener más necesidades médicas. Comprender estos costes y prepararse para afrontarlos le garantiza poder disfrutar de su jubilación sin el estrés de facturas médicas inesperadas.

La trayectoria de los costos de salud a lo largo de los años sirve de advertencia. En 1970, el gasto sanitario en EE.UU. era de unos modestos 74.100 millones de dólares. En 2022, esa cifra se ha disparado hasta los 4,5 billones de dólares. Se trata de un aumento impulsado por diversos factores, como los avances tecnológicos, el envejecimiento de la población y el aumento de los precios de los servicios y los medicamentos. Según datos recientes, el gasto sanitario no ha dejado de crecer, siendo los gastos hospitalarios y los medicamentos de venta con receta los que más contribuyen a ello. Solo entre 2021 y 2022, el gasto sanitario nacional creció en 175.000 millones de dólares. Esta rápida escalada pone de relieve la necesidad de un enfoque proactivo de la planificación sanitaria en la jubilación.

Entender de dónde surgen normalmente estos costes puede ayudarle a prepararse mejor. La atención médica y las revisiones rutinarias son fundamentales para mantener la salud, ya que incluyen las visitas periódicas al médico de atención primaria y las pruebas de detección necesarias. Los medicamentos recetados y las terapias son otra categoría importante, a menudo fundamentales para tratar enfermedades crónicas o apoyar la recuperación. El coste de la hospitalización y los servicios de urgencias puede ser significativo, especialmente si surgen problemas de salud inesperados. Los hospitales representarán el 30,4% del gasto sanitario total en 2022, y con los precios de los servicios médicos en constante aumento, prepararse para esos gastos es crucial.

Proyectar sus necesidades sanitarias futuras implica algo más que hacer conjeturas basadas en la edad. Requiere una evaluación meditada de su estado de salud actual y de su historial médico familiar. Las herramientas de evaluación de riesgos sanitarios son muy útiles en este proceso y existen muchas calculadoras en línea. Pruebe https://familyhealthriskcalculator .osumc.edu/. Evalúan su estilo de vida, historial médico y antecedentes familiares para predecir posibles problemas de salud. Por ejemplo, un historial familiar de cardiopatías podría sugerir la necesidad de someterse a revisiones cardiovasculares periódicas. Analizar posibles escenarios futuros le permite anticiparse a los tipos de atención que puede necesitar y planificar en consecuencia. Los estudios de casos revelan a menudo que los costos de salud previstos pueden variar mucho de los gastos reales, lo que subraya la importancia de una evaluación personalizada. Un enfoque proactivo puede ayudarle a anticiparse a estas necesidades, asegurándose que está preparado financieramente para cualquier reto sanitario que se le presente.

Incorporar los gastos sanitarios a la planificación de su jubilación no solo es prudente, sino necesario. Empiece por modificar su presupuesto de jubilación (que ya hicimos en los capítulos 1 y 4) para que incluya explícitamente los gastos sanitarios. Este presupuesto debe reflejar tanto los costes actuales como los aumentos previstos, ya que la inflación de la asistencia sanitaria supera a la inflación general. Por ejemplo, una persona típica de 65 años puede necesitar aproximadamente 165.000 dólares en ingresos después de impuestos para gastos sanitarios durante la jubilación. Incorporar cifras tan significativas a su presupuesto le garantiza que no le cogerán desprevenido. Las técnicas para ajustar los ahorros de jubilación para cubrir estos costes incluyen reservar un fondo dedicado a la asistencia sanitaria o aumentar las aportaciones a las cuentas de jubilación existentes durante los años de trabajo. Estos ajustes ayudan a crear un colchón financiero que proporciona tranquilidad y seguridad económica.

Sección de reflexión: Estimación de los gastos sanitarios

Tómese un momento para reflexionar sobre su salud actual y sus necesidades futuras. Piense en lo siguiente:

1. ¿Qué servicios sanitarios rutinarios utiliza actualmente y cómo podrían cambiar en la jubilación? Por ejemplo, médico de cabecera, cardiólogo para revisiones cardíacas o colonoscopia anual.
2. ¿Tiene antecedentes familiares de enfermedades que puedan afectar a sus futuras necesidades sanitarias?
3. ¿Cómo incorporará los costos de salud previstos a su presupuesto de jubilación?
4. ¿Hay aspectos en los que pueda aumentar sus ahorros para hacer frente a posibles gastos sanitarios? ¿O su cuenta de jubilación cubrirá los gastos previstos?

Reflexionar sobre estas cuestiones le ayudará a crear un plan integral, que garantice que sus necesidades sanitarias estén cubiertas sin comprometer su seguridad financiera en la jubilación.

5.1 Medicare: Lo que debe saber

Navegar por el mundo de Medicare puede resultar a menudo abrumador, sobre todo a medida que se acerca la edad en que estas decisiones se vuelven críticas. Medicare es un programa federal de seguro médico destinado principalmente a personas mayores de 65 años, aunque también cubre a algunas personas más jóvenes con discapacidades. Para poder acogerse a él, usted o su cónyuge deben haber trabajado y haber cotizado a Medicare a través de los impuestos sobre la nómina. Comprender el proceso de inscripción es crucial para evitar sanciones. Hay periodos específicos en los que puede afiliarse: el Periodo de Afiliación Inicial, que abarca siete meses alrededor de su 65 cumpleaños; el Periodo de Afiliación General, del 1 de enero al 31 de marzo de cada año; y los Periodos de Afiliación Especial, desencadenados por acontecimientos vitales específicos. El incumplimiento de estos plazos puede dar lugar a primas más elevadas, lo que subraya la importancia de afiliarse a tiempo.

Medicare se compone de varias partes, cada una de las cuales cubre diferentes aspectos de la asistencia sanitaria. La Parte A, a menudo denominada seguro hospitalario, cubre las estancias hospitalarias, los cuidados en un centro de enfermería especializada, los cuidados paliativos y algunos cuidados sanitarios a domicilio. Suele estar exenta de primas si usted o su cónyuge pagaron los impuestos de Medicare durante cierto tiempo. La Parte B consiste en un seguro médico que cubre servicios médicos específicos, atención ambulatoria, suministros médicos y servicios preventivos. La Parte B requiere el pago de una prima mensual, que varía en función de los ingresos. La Parte C, o Medicare Advantage, ofrece una forma alternativa de recibir las prestaciones de Medicare a través de compañías de seguros privadas que tienen un contrato con Medicare. Estos planes suelen incluir prestaciones adicionales como cobertura oftalmológica, auditiva y dental. Por último, la Parte D proporciona cobertura de medicamentos con receta, ayudando a cubrir el coste de los medicamentos. Conocer estas partes le permitirá tomar decisiones informadas y adaptadas a sus necesidades sanitarias y a sus circunstancias económicas.

Elegir el plan de Medicare adecuado implica evaluar sus necesidades sanitarias actuales y previstas. El Medicare Original, que incluye las Partes A y B, ofrece flexibilidad a la hora de elegir proveedores de asistencia sanitaria, pero deja lagunas en la cobertura, como en el caso de los medicamentos recetados, los cuidados a largo plazo y los cuidados rutinarios dentales o de la vista. Muchos optan por un seguro complementario, como las pólizas Medigap, para cubrir estas lagunas. Los planes Medigap están estandarizados y los venden compañías privadas, que ayudan a pagar algunos gastos de bolsillo no cubiertos por Medicare Original. Por otro lado, los planes Medicare Advantage pueden ofrecer una cómoda alternativa "todo en uno". Estos planes suelen incluir la cobertura de la Parte D y prestaciones adicionales, pero pueden obligar a utilizar una red de médicos y hospitales. Decidirse entre Medicare Original y Medicare Advantage depende de factores como sus proveedores sanitarios preferidos, sus hábitos de viaje y si necesita cobertura adicional para servicios no incluidos en Medicare Original.

Comprender los costes asociados a Medicare es fundamental para elaborar un presupuesto eficaz. La Parte A no suele requerir una prima mensual si ha pagado los impuestos de Medicare durante al menos diez años, pero sí conlleva una franquicia y un posible seguro. La Parte B requiere una prima mensual -174,70 dólares en 2024- y una franquicia anual. Una vez alcanzado el deducible, suele pagar el 20% del importe aprobado por Medicare para la mayoría de los servicios médicos. Las primas de la Parte D varían según el plan y los ingresos, con una prima básica media de 55,50 $ en 2024. Los gastos de bolsillo pueden acumularse rápidamente, sobre todo si necesita atención médica frecuente o recetas caras. Las estrategias para gestionar estos gastos incluyen seleccionar planes con primas más bajas si goza de buena salud u optar por una cobertura más completa si prevé mayores necesidades médicas. Además, algunos pueden encontrar valor en los Programas de Ahorro de Medicare, que pueden ayudar a pagar algunos de los costes asociados a Medicare.

Una idea errónea muy extendida es que Medicare cubrirá todos sus gastos sanitarios, lo cual dista mucho de la realidad. Aunque proporciona una cobertura esencial, no lo incluye todo. Servicios como la atención a largo plazo, la atención dental, la atención oftalmológica y los audífonos suelen quedar fuera de su ámbito. Esta laguna puede acarrear gastos inesperados si no se está preparado. Para hacer frente a estas carencias puede ser necesario invertir en un seguro complementario o ahorrar específicamente para gastos no cubiertos. Además, entender lo que cubre y lo que no cubre Medicare puede evitar costosas sorpresas. Por ejemplo, aunque Medicare proporciona algunos cuidados a corto plazo en centros de enfermería, no cubre los cuidados a largo plazo, que muchos pueden necesitar a medida que envejecen. Conocer estas limitaciones le permitirá planificar con eficacia, integrando estas consideraciones en su estrategia financiera general.

Ejercicio: Integrar Medicare en su planificación de tesorería

Considere cómo encaja Medicare en su presupuesto general para la jubilación. Reflexione sobre lo siguiente:

1. ¿Ha identificado qué partes de Medicare necesita, en función de su estado de salud y su situación económica?
2. ¿Conoce los gastos de bolsillo asociados al plan Medicare que ha elegido?
3. ¿Ha tenido en cuenta en su presupuesto las posibles carencias no cubiertas por Medicare?
4. ¿Qué medidas puede tomar para hacer frente a los gastos sanitarios imprevistos no cubiertos por Medicare?

Si tiene alguna pregunta sobre lo que está cubierto y lo que no, llame a Medicare al 1-800-MEDICARE para que le resuelvan sus dudas. Estas reflexiones le ayudarán a incorporar Medicare de forma eficaz a la planificación de su jubilación, garantizando un enfoque global de la gestión de los gastos sanitarios.

5.2 Explorar las opciones de seguro de dependencia

De cara a la jubilación, la planificación de los cuidados de larga duración debe ser una prioridad. Los cuidados de larga duración engloban una serie de servicios diseñados para satisfacer las necesidades sanitarias o de cuidados personales durante un periodo prolongado. A diferencia de los cuidados intensivos, que son a corto plazo y se centran en la recuperación, los cuidados de larga duración ayudan a las personas a gestionar enfermedades crónicas, discapacidades u otras afecciones que limitan su capacidad para realizar las actividades cotidianas. Los servicios pueden ir desde la asistencia sanitaria a domicilio -donde los profesionales ayudan en tareas cotidianas como bañarse y vestirse- hasta cuidados más intensivos en centros como residencias de ancianos o centros de vida asistida. Es una realidad que más de la mitad de los estadounidenses mayores de 65 años necesitarán algún tipo de cuidados de larga duración a lo largo de su vida. Esta estadística subraya la importancia de considerar cómo gestionará estas posibles necesidades. Planificar los cuidados de larga duración no es solo asegurar su comodidad, sino también proteger sus recursos financieros, asegurándose de que no agotará sus ahorros ni cargará a su familia con gastos inesperados.

Evaluar las pólizas de seguro de dependencia implica conocer las distintas opciones disponibles y cómo encajan en su plan financiero. El seguro de dependencia está diseñado para cubrir servicios que no suelen estar cubiertos por el seguro médico, Medicare o Medicaid. Al comparar pólizas, tenga en cuenta las características y prestaciones que ofrece cada una. Entre los aspectos clave está el importe de la prestación diaria, que determina cuánto pagará la póliza por cada día de cuidados. Examine también el periodo de prestación, que es el tiempo durante el cual se abonan las prestaciones. Las características de la póliza pueden incluir también la protección frente a la inflación, que ajusta las prestaciones al aumento de los costes. Otro componente crucial es el periodo de eliminación, es decir, el tiempo de espera antes de que comiencen las prestaciones, que puede oscilar entre 30 y 90 días. Elegir un periodo de eliminación más largo puede reducir su prima, pero le obliga a pagar de su bolsillo la asistencia inicial. Los factores desencadenantes de las prestaciones son las condiciones bajo las cuales se pagan las prestaciones, normalmente ligadas a la incapacidad para realizar un determinado número de actividades de la vida diaria o al deterioro cognitivo. Comprender estos términos le ayudará a elegir una póliza adaptada a sus necesidades, asegurando una cobertura adecuada cuando llegue el momento.

Varios factores influyen en el coste de las pólizas de seguro de dependencia. La edad y el estado de salud en el momento de la compra afectan significativamente a las primas. Por lo general, cuanto más joven y sano sea usted, más baja será la prima. Esto se debe a que las aseguradoras perciben un menor riesgo, dado que es menos probable que necesite cuidados a corto plazo. Sin embargo, a medida que envejece o si surgen problemas de salud, las primas pueden aumentar, por lo que es crucial plantearse contratar una póliza cuanto antes. Además, la duración de la cobertura que elija influye en el coste. Los periodos de prestación más largos o las prestaciones diarias más elevadas aumentarán naturalmente la prima. La protección contra la inflación es otro factor; las pólizas con esta característica tienden a ser más caras, pero proporcionan tranquilidad, ya que ayudan a que sus prestaciones se mantengan al día con el aumento del coste de la asistencia. Equilibrar estos factores con su presupuesto y necesidades potenciales es esencial para seleccionar la póliza más adecuada. Además, estas pólizas son deducibles fiscalmente en su declaración de la renta de cada año.

Más allá del seguro tradicional de dependencia, hay estrategias alternativas a tener en cuenta. Las pólizas híbridas, que combinan el seguro de vida con la cobertura de dependencia, son cada vez más populares. Estas pólizas ofrecen la flexibilidad de una prestación por fallecimiento si no se necesitan cuidados de larga duración, o pueden utilizarse para sufragar los gastos de los cuidados. Aunque suelen ser más costosas por adelantado, la doble prestación puede resultar atractiva para quienes buscan una opción más versátil. Otra alternativa es utilizar las Cuentas de Ahorros Sanitarios (HSA) para los gastos de cuidados a largo plazo. Las HSA ofrecen ventajas fiscales, permitiéndote pagar gastos médicos cualificados, incluidos los cuidados de larga duración, con dinero antes de impuestos. Este enfoque es especialmente beneficioso si ya tiene una HSA de sus años de trabajo, ya que puede ser una forma fiscalmente eficiente de hacer frente a futuros gastos sanitarios. Estas alternativas ofrecen diferentes vías para gestionar las necesidades de cuidados a largo plazo, proporcionando flexibilidad y opciones más allá del seguro tradicional. No tema si no tiene un seguro de cuidados a largo plazo, ya que puede pagar los cuidados de su bolsillo, pero probablemente serán más caros que si lo hiciera a través de un seguro de cuidados a largo plazo.

Al explorar estas opciones, es importante integrarlas en su plan financiero general. Reflexione sobre su situación actual y considere cómo podrían encajar los cuidados de larga duración en su estrategia de jubilación. Realice un ejercicio para tenerlo en cuenta en la planificación del flujo de caja del Capítulo 1. Evalúe sus recursos actuales, la necesidad potencial de cuidados de larga duración y cómo podría acomodar estos costes dentro de su presupuesto. Este enfoque proactivo garantiza que no solo esté preparado para lo esperado, sino que también sea resistente ante los retos imprevistos.

5.3 Previsión de gastos médicos imprevistos

En el paisaje de la jubilación, los gastos médicos imprevistos pueden surgir como retos formidables, amenazando la estabilidad financiera que tanto le ha costado mantener. Estos gastos imprevistos suelen derivarse de intervenciones quirúrgicas u hospitalizaciones de urgencia, en las que la urgencia de la atención deja poco margen de maniobra financiera. Imagínese la necesidad repentina de una prótesis articular o una intervención cardíaca inesperada. Estas situaciones pueden dar lugar a facturas considerables, sobre todo si necesita atención especializada fuera de la red de su seguro. Las consultas a especialistas fuera de la red, aunque a veces son necesarias para obtener resultados sanitarios óptimos, también pueden contribuir a gastos inesperadamente elevados. Estas consultas pueden ser necesarias cuando se trata de una enfermedad rara o se busca una segunda opinión de un experto de renombre. Hacer frente a estos gastos sin preparación puede poner rápidamente a prueba su presupuesto de jubilación, por lo que es crucial prever y planificar estas situaciones.

Crear un fondo de asistencia sanitaria de emergencia es una estrategia proactiva para amortiguar estos gastos imprevistos. Este fondo actúa como una red de seguridad financiera, proporcionando la tranquilidad de que puede acceder a la atención necesaria sin comprometer su seguridad financiera. Para fijar los objetivos de este fondo, hay que tener en cuenta las necesidades sanitarias individuales y los riesgos potenciales. Una buena regla general es prever al menos seis meses de gastos, aunque el objetivo concreto puede variar en función de las circunstancias personales y los factores de riesgo. La financiación y el mantenimiento de esta reserva pueden abordarse de forma gradual. Considere apartar una parte de sus ingresos mensuales o reasignar fondos de otros ahorros. Contribuir regularmente a este fondo, aunque sea en pequeñas cantidades, crea un colchón a lo largo del tiempo. Este enfoque disciplinado garantiza que, cuando surjan sorpresas médicas, dispondrá de los recursos necesarios para gestionarlas sin que descarrilen sus planes financieros.

Las opciones de seguro complementario desempeñan un papel importante a la hora de cubrir las carencias que puede dejar el seguro médico tradicional. Las pólizas Medigap, por ejemplo, están diseñadas para llenar los vacíos que deja Medicare, cubriendo gastos como copagos, seguros y franquicias. Estas pólizas pueden adaptarse a sus necesidades específicas, garantizando que no quede expuesto a elevados desembolsos. El seguro de enfermedad crítica ofrece otra capa de protección, proporcionando un pago único si le diagnostican una enfermedad grave, como cáncer o cardiopatía. Este pago puede utilizarse para diversas necesidades, como los costes del tratamiento, los gastos de recuperación o incluso los gastos cotidianos mientras usted se centra en su salud. Conocer estas opciones le permite elegir la cobertura que se ajuste a sus riesgos potenciales, garantizando una protección completa contra el impacto financiero de acontecimientos médicos graves.

Adoptar estrategias proactivas de gestión de la salud también puede mitigar el riesgo de problemas médicos inesperados. Las revisiones médicas periódicas y los chequeos de bienestar son componentes integrales de la atención preventiva y permiten detectar posibles problemas antes de que se conviertan en costosas urgencias. Estas revisiones pueden incluir análisis de sangre rutinarios, pruebas de detección del cáncer o evaluaciones cardiovasculares, todas ellas adaptadas a su edad e historial médico. Además, adoptar un estilo de vida saludable mediante una nutrición equilibrada y ejercicio regular puede reducir significativamente la probabilidad de desarrollar enfermedades crónicas. Cambios sencillos, como incorporar más fruta y verdura a su dieta o dar paseos diarios, pueden tener un profundo impacto en su bienestar general. Estas medidas proactivas no solo contribuyen a mejorar la salud, sino que también reducen las posibilidades de incurrir en gastos médicos inesperados.

Ejercicio: Planificar lo inesperado

Reflexione sobre sus prácticas actuales de gestión sanitaria y piense cómo podría mejorarlas. Pregúntese a sí mismo:

1. ¿A qué posibles situaciones médicas de emergencia podría enfrentarse en función de su historial sanitario?
2. ¿Ha creado un fondo de emergencia sanitaria y cómo puede incrementarlo?
3. ¿Existen seguros complementarios que puedan cubrir las carencias de su cobertura actual?
4. ¿Cómo puede integrar en su rutina las revisiones médicas periódicas y los cambios en su estilo de vida?

Si se plantea estas preguntas, podrá desarrollar una estrategia más sólida para proteger su salud financiera junto con su salud física.

A medida que nos adentramos en los entresijos de la planificación de la asistencia sanitaria y los cuidados de larga duración, queda claro que la preparación es clave para salvaguardar su jubilación. Estas estrategias no solo protegen su bienestar financiero, sino que también garantizan su tranquilidad. En este capítulo hay mucha carne en el asador y muchos costes potenciales que tendrá que prever. Anótese todos metódicamente e investiguemos para luego calcular el coste de cada opción. A medida que avancemos, considere cómo se integran estos elementos en su plan financiero más amplio, preparándose para una jubilación segura y satisfactoria.

No pases al siguiente capítulo sin hacer lo siguiente;

1. ¿Ha rellenado una calculadora de evaluación de riesgos sanitarios en línea
2. Anote en su agenda o por teléfono la fecha de afiliación inicial a Medicare para que no se le pase afiliarse cuando cumpla 65 años.
3. Infórmese sobre Medicare A-D, lo que le cubrirá y cuánto le costará. Un buen sitio web para informarse es National Council on Aging o llame directamente a Medicare al 1-800-MEDICARE.
4. Hable con un agente de seguros de dependencia para conocer las primas ahora, cuando se jubile o si no tenía seguro en absoluto, e incorpórese a su presupuesto de ingresos y gastos.
5. Averigüe qué cubre el seguro complementario y cuánto cuesta
6. Cree una cuenta para constituir su fondo de asistencia sanitaria de emergencia. Decide cómo vas a invertir ese dinero

* * *

Marque la diferencia con su reseña

Las personas que dan sin esperar nada a cambio viven vidas más felices. Entonces, ¡marquemos la diferencia juntos!

¿Ayudaría a alguien como usted, que tiene curiosidad por la libertad financiera pero no sabe por dónde empezar?

Mi misión es hacer que la libertad financiera sea comprensible para todos.

Pero para llegar a más personas, necesito tu ayuda.

La mayoría de la gente elige libros basándose en reseñas. Entonces, te pido que ayudes a alguien más dejando una reseña.

No cuesta nada y toma menos de un minuto, pero podría cambiar el camino financiero de alguien y cambiar el futuro de una familia. Tu reseña podría ayudar...

... una familia más sale de sus deudas
  ... un padre construye su fondo de emergencia para su familia
  ... un niño entiende el dinero para empezar su vida mejor que cuando empezó
  ... una persona más toma el control de sus finanzas
  ... un sueño más hecho realidad

Para marcar la diferencia, simplemente escanee el código QR a continuación o haga clic en el enlace y deje una reseña:

https://bit.ly/42lniqN

Si te encanta ayudar a los demás, eres mi tipo de persona. ¡Gracias desde el fondo de mi corazón!

Emma Maxwell

Capítulo 6

Planificación de herencias y legados

Imagínese un mapa del tesoro, en el que la "X" marca el lugar en el que se encuentran las riquezas y las pertenencias más preciadas de su vida. Ahora, imagine que deja un camino claro para que sus seres queridos lo sigan, asegurándose de que reciben lo que usted quería cuando ya no esté para guiarlos. La planificación patrimonial es ese mapa, una guía esencial para garantizar que sus bienes se distribuyan de acuerdo con sus deseos. Sin ella, su familia podría enfrentarse a batallas legales innecesarias, estrés e incluso pérdidas económicas. Este capítulo profundiza en los aspectos esenciales de los testamentos y fideicomisos, capacitándose para crear un plan de legado que refleje sus valores e intenciones.

6.1 Conceptos básicos sobre testamentos y fideicomisos

Un testamento es un documento legal que describe cómo desea que se distribuyen sus bienes tras su fallecimiento. Sirve de base para su plan de sucesión, proporcionando claridad y orientación a sus seres queridos. Los elementos clave de un testamento incluyen el nombramiento de un albacea, la designación de beneficiarios y una lista detallada de bienes. El albacea es responsable de llevar a cabo los términos de su testamento, asegurándose de que todo se resuelva como usted quería. Los beneficiarios son las personas o entidades que usted desea que hereden sus bienes, que pueden ser desde familiares hasta organizaciones benéficas. Los requisitos legales para que un testamento sea válido varían según el estado, pero generalmente incluyen estar en pleno uso de sus facultades mentales, disponer de un documento escrito y firmarlo en presencia de testigos. Sin testamento, su patrimonio entra en el régimen de sucesión intestada, en el que las leyes estatales dictan la distribución de los bienes, lo que puede dar lugar a conflictos y resultados no deseados. La ausencia de un testamento no solo es problemática desde el punto de vista legal, sino que puede causar una gran angustia emocional a su familia, al tener que enfrentarse a complejos procesos sucesorios sin su orientación. No otorgar testamento es una irresponsabilidad fiscal, ya que puede dar lugar a un aumento de los impuestos sobre el patrimonio y de los costes legales, disminuyendo el valor de lo que usted deja.

Los fideicomisos ofrecen un enfoque alternativo o complementario a los testamentos, permitiendo un mayor control sobre la distribución de los activos. A diferencia de los testamentos, que surten efecto tras el fallecimiento, los fideicomisos pueden gestionar los activos en vida. Los fideicomisos revocables, también conocidos como fideicomisos testamentarios, ofrecen flexibilidad, permitiéndole modificar los términos o disolver el fideicomiso a medida que cambien sus circunstancias. Son especialmente útiles para gestionar activos en caso de incapacidad, ya que otorgan a un fideicomisario autoridad para gestionar sus asuntos. Los fideicomisos irrevocables, una vez establecidos, no pueden modificarse sin el consentimiento del beneficiario, lo que ofrece ventajas como la protección de los activos frente a acreedores y posibles ventajas fiscales. Los fideicomisos para necesidades especiales están diseñados para beneficiarios con discapacidades, garantizando que reciban ayuda sin que ello afecte a su derecho a recibir prestaciones públicas. Los fideicomisos pueden tener otras finalidades, como controlar los gastos de los beneficiarios mediante fideicomisos de despilfarro o apoyar causas benéficas con fideicomisos benéficos. Cada tipo de fideicomiso responde a necesidades específicas y ofrece soluciones a medida para sus problemas de planificación patrimonial.

Las ventajas de los fideicomisos van más allá de la gestión de activos. Una ventaja significativa es evitar la validación testamentaria, el proceso judicial a menudo largo y costoso necesario para validar un testamento y distribuir activos. Al eludir el proceso testamentario, los fideicomisos permiten una transferencia más privada y eficiente del patrimonio, ahorrando a sus beneficiarios retrasos y gastos innecesarios. Los fideicomisos también ofrecen ventajas fiscales, ya que una planificación estratégica puede reducir los impuestos sobre el patrimonio, preservando una mayor parte de su legado para sus seres queridos. Además, los fideicomisos protegen los activos de los acreedores, salvaguardando el futuro financiero de su familia. Esta protección es especialmente valiosa si le preocupan las posibles reclamaciones legales o la mala gestión financiera de los beneficiarios. Al proporcionar control sobre la distribución de activos, los fideicomisos le permiten especificar los términos y condiciones en los que se accede a sus activos, garantizando que se utilicen de forma que reflejen sus valores e intenciones. Este nivel de precisión puede ofrecerle la tranquilidad de saber que su legado será tratado con cuidado y respeto.

La creación y el mantenimiento de testamentos y fideicomisos requieren una planificación minuciosa y orientación profesional. Trabajar con un abogado especializado en planificación patrimonial garantiza que sus documentos sean legalmente sólidos y reflejen sus deseos actuales. Un abogado puede ayudarle a navegar por las complejidades de las leyes sucesorias, adaptando su plan a sus circunstancias particulares. Las revisiones y actualizaciones periódicas de los documentos son cruciales, ya que los cambios en la vida, como el matrimonio, el divorcio o el nacimiento de un hijo, pueden afectar significativamente a su plan de sucesión. Es esencial que revise estos documentos periódicamente para asegurarse de que se ajustan a sus intenciones y a los requisitos legales. Considere la posibilidad de establecer recordatorios para revisar su plan de sucesión al menos cada tres a cinco años o después de cualquier acontecimiento importante en su vida. Al mantener sus documentos actualizados, se asegura de que su plan de sucesión siga sirviendo a sus objetivos, proporcionando seguridad y claridad a sus seres queridos cuando más lo necesitan.

Sección de reflexión: Plan de sucesión

Al considerar sus necesidades de planificación patrimonial, reflexione sobre estas preguntas para orientar sus próximos pasos:

1. ¿Ha redactado un testamento en el que se expongan claramente sus deseos y se incluyan todos los elementos jurídicos necesarios?
2. ¿Existen fideicomisos que podrían mejorar su plan sucesorio, aportando beneficios como la evitación de la sucesión testamentaria o ventajas fiscales?
3. ¿Ha trabajado con un abogado especializado en planificación patrimonial para asegurarse de que sus documentos son jurídicamente sólidos?
4. ¿Con qué frecuencia revisa y actualiza su plan de sucesión para reflejar los cambios en su vida o en su situación financiera?

Estas reflexiones le ayudarán a navegar por las complejidades de la planificación patrimonial, garantizando que su legado se preserve conforme a sus deseos.

6.2 Elección y actualización de los beneficiarios

Imagine que pone una mesa preciosa para una cena familiar y se olvida de invitar a los comensales. Esta analogía refleja el papel crucial de los beneficiarios en la planificación de la sucesión. La designación de beneficiarios no es una mera tarea administrativa, sino el núcleo de su plan de sucesión. Al nombrar a personas concretas para sus cuentas de jubilación y pólizas de seguros, se asegura de que sus activos se transfieran directamente a los herederos que usted elija sin demoras ni obstáculos legales innecesarios. Esta transferencia directa a menudo puede evitar el proceso de sucesión, lo que permite una distribución más rápida y fluida de sus activos. Sin embargo, no nombrar beneficiarios o dejarlos sin especificar puede tener consecuencias imprevistas. Los bienes pueden acabar en el patrimonio general, sujetos a legalización testamentaria y a la ley estatal de distribución, lo que puede llevar mucho tiempo y resultar costoso. Sin una designación clara, el destino de sus bienes podría ser decidido por los tribunales y no por sus deseos, lo que podría dar lugar a disputas y tensiones emocionales entre sus seres queridos.

Elegir a los beneficiarios adecuados requiere una reflexión concienzuda. No se trata solo de enumerar nombres, sino de conocer las necesidades y capacidades financieras de las personas que elija. Considere su situación financiera actual, su capacidad para gestionar los activos de forma responsable y las necesidades que puedan tener en el futuro. La dinámica familiar también desempeña un papel importante. Las relaciones pueden ser complejas, y sus elecciones deben reflejar un equilibrio que tenga en cuenta las relaciones personales y la armonía familiar. Por ejemplo, si bien es posible que desee mantener a un hijo con necesidades especiales, también debe asegurarse de que su herencia no ponga en peligro su acceso a la asistencia gubernamental. Nombrar un fideicomiso para necesidades especiales como beneficiario en estos casos puede proporcionar la ayuda necesaria sin afectar a sus prestaciones. Al evaluar estos factores, usted crea un plan que apoya a sus seres queridos de una manera que se alinea con sus intenciones.

Actualizar periódicamente la designación de beneficiarios es tan importante como elegirlos inicialmente. La vida está llena de cambios -matrimonios, divorcios, nacimientos y fallecimientos- que afectan a su plan de sucesión. Estos acontecimientos deberían provocar una revisión de sus designaciones para asegurarse de que se mantienen actualizadas. Una designación de beneficiarios obsoleta puede dar lugar a que los bienes se distribuyan a personas a las que usted ya no desea beneficiar o a que se excluya involuntariamente a nuevos familiares. Por ejemplo, si no actualiza sus beneficiarios tras un divorcio, su ex cónyuge podría recibir bienes que usted destina a sus hijos. Estos descuidos pueden crear complicaciones económicas y emocionales a su familia. Si se acostumbra a revisar sus designaciones después de cambios importantes en su vida, mantendrá el control sobre la distribución de sus bienes y se asegurará de que su plan de sucesión refleje sus deseos y circunstancias actuales.

Una designación de beneficiarios clara y jurídicamente vinculante requiere precisión en el lenguaje y la coordinación. Utilice un lenguaje específico en sus formularios de designación para eliminar ambigüedades. En lugar de términos vagos como "mis hijos", indique los nombres completos y los números de la Seguridad Social para evitar confusiones. Cuando se trate de varias cuentas, asegúrese de que sus designaciones sean coherentes y complementarias. Esta coordinación evita discrepancias que podrían dar lugar a disputas legales o distribuciones involuntarias. Además, considere la posibilidad de nombrar beneficiarios contingentes, es decir, aquellos que heredarán si el beneficiario principal fallece antes que usted o no puede aceptar la herencia. Esta previsión añade una capa de seguridad, garantizando que sus activos se distribuyan de acuerdo con sus deseos, incluso si las circunstancias cambian inesperadamente. Al aplicar estas estrategias, usted crea un plan de sucesión sólido y adaptable que respeta sus intenciones y protege a sus seres queridos.

6.3 Comunicar sus planes sucesorios

Imagine el alivio de saber que sus seres queridos comprenden y respetan sus deseos mucho después de que usted haya fallecido. La comunicación transparente es la piedra angular de una planificación patrimonial eficaz, ya que ayuda a evitar disputas que, de otro modo, podrían surgir por malentendidos o suposiciones. Al hablar abiertamente de sus planes con los miembros de su familia, reduce el riesgo de conflicto y confusión, ofreciendo claridad y certeza sobre la distribución de los bienes. La transparencia genera confianza y permite que su familia se sienta incluida e informada. Cuando se comunica abiertamente, permite a sus seres queridos comprender no solo los aspectos financieros de su patrimonio, sino también los valores y las intenciones que subyacen a sus decisiones. Esta comprensión fomenta un ambiente de cooperación y respeto, reforzando los lazos familiares incluso en tiempos difíciles.

Iniciar conversaciones sobre planificación patrimonial con los miembros de la familia puede resultar desalentador, pero es necesario. Elija el momento oportuno, quizás durante una reunión familiar tranquila, cuando las tensiones sean menores y todos estén más dispuestos a mostrarse receptivos. Busque un entorno que fomente la franqueza y la comodidad, como el salón o la mesa. Aborde los temas delicados con compasión y empatía, reconociendo las emociones que pueden evocar. Es importante escuchar activamente, dejando espacio para preguntas y preocupaciones. Fomente el diálogo expresando sus intenciones con claridad, evitando jerga que pueda confundir o distanciar. Este planteamiento no solo aclara sus deseos, sino que también tranquiliza a su familia, asegurando que sus sentimientos son tenidos en cuenta y respetados.

Un resumen exhaustivo del plan sucesorio puede ser una herramienta inestimable, ya que sirve como documento conciso que resume los aspectos clave de su plan sucesorio. Este resumen debe incluir elementos esenciales como la ubicación de su testamento y documentos fiduciarios, una lista de activos y pasivos, y la información de contacto de su albacea y asesores legales. Compartir este resumen con albaceas y beneficiarios garantiza que todos tengan acceso a la información que necesitan cuando llegue el momento. Sirve de guía y reduce la carga que supone para su familia reconstruir sus intenciones en un momento ya de por sí emotivo. Al proporcionar este documento, usted ofrece una referencia tangible que refuerza sus planes, minimizando la posibilidad de malentendidos o descuidos.

A pesar de sus esfuerzos, pueden surgir conflictos durante las discusiones sobre la planificación del patrimonio. Abordarlos de forma proactiva puede evitar que se agraven. La mediación ofrece un enfoque constructivo, proporcionando un espacio neutral donde los miembros de la familia pueden expresar sus preocupaciones y trabajar hacia la resolución. Un mediador cualificado puede facilitar el diálogo, ayudando a las partes a encontrar puntos en común y a comprender los puntos de vista de los demás. Si los desacuerdos persisten, puede ser necesario recurrir a la vía legal para resolver las disputas. Consultar con un abogado especializado en sucesiones puede aclarar los derechos y responsabilidades legales, y guiarle en el proceso para alcanzar una solución justa y equitativa. Al anticiparse a los conflictos y preparar estrategias para resolverlos, se asegura de que su plan de sucesión permanezca intacto y se cumplan sus deseos.

Sección de reflexión: Fomentar el diálogo abierto

Tenga en cuenta estas preguntas para facilitar una comunicación abierta con su familia sobre sus planes sucesorios:

1. ¿Ha elegido un momento y un lugar adecuados para hablar de sus planes sucesorios con sus seres queridos?
2. ¿Está preparado para abordar temas delicados con empatía y claridad?
3. ¿Ha creado un resumen de su plan de sucesión para compartirlo con albaceas y beneficiarios?
4. ¿Qué posibles conflictos pueden surgir y cómo puede abordarlos mediante la preparación o actualización de su testamento ahora, en lugar de cuando ya sea demasiado tarde cuando fallezca?

Reflexionar sobre estas preguntas le ayudará a navegar por las complejidades de la comunicación sobre planificación patrimonial, garantizando que su legado sea protegido y respetado.

6.4 Navegar por los aspectos emocionales de la planificación del legado

La planificación patrimonial es algo más que una lista de bienes a distribuir; es un proceso profundamente personal que despierta toda una serie de emociones. Es posible que experimente sentimientos de vulnerabilidad o aprehensión al enfrentarse a su mortalidad y a la realidad de dejar atrás a sus seres queridos. Es posible que sienta satisfacción al saber que está manteniendo a su familia, pero también ansiedad por tomar las decisiones correctas. Estas emociones son normales y reconocerlas es el primer paso para controlar el estrés que pueden provocar. Considera la posibilidad de practicar la atención plena o la meditación para mantener la calma y la claridad. Recuerde periódicamente el propósito de su planificación: garantizar la paz y la seguridad de los que deja atrás. Es esencial abordar la planificación patrimonial con una mentalidad equilibrada y buscar apoyo cuando sea necesario, ya sea de amigos, familiares o asesores profesionales especializados en estas delicadas cuestiones.

Dejar un legado va más allá de los activos tangibles de su patrimonio. Se trata de transmitir valores, crear recuerdos duraderos y marcar la diferencia en la vida de los demás. Considere las donaciones benéficas como una forma de contribuir a causas que le preocupan profundamente, ya sea apoyar la educación, el medio ambiente o la investigación médica. La filantropía puede ser una poderosa herramienta para extender su impacto más allá de su círculo inmediato, tejiendo sus valores en el tejido de la comunidad y la sociedad. Otra forma de consolidar su legado es elaborar una declaración de misión familiar. Este documento resume sus creencias y principios rectores y sirve de brújula moral para las generaciones futuras. Fomenta la unidad y la determinación, proporcionando a sus descendientes una base común sobre la que construir. Al reflexionar sobre lo que desea dejar, dotará a su plan de sucesión de un significado y una intencionalidad más profundos.

Reflexionar sobre los valores y objetivos personales es crucial para alinear su plan sucesorio con lo que realmente le importa. Empiece por identificar sus valores fundamentales a través de la introspección o de conversaciones con sus allegados. Pregúntese qué legado quiero dejar y qué principios espera que transmita su familia. Ejercicios cómo escribir un diario o crear un tablero de visión pueden ayudar a clarificar estas prioridades, ofreciendo una representación visual de sus aspiraciones. Un ejemplo de planificación de un legado basado en valores podría ser la creación de un fondo de becas en su nombre, para ayudar a los jóvenes a perseguir sus sueños como usted hizo en su día. O tal vez sea tan sencillo como asegurarse de que su familia continúa una tradición muy querida que tiene un valor sentimental. Al basar su plan de sucesión en sus valores, se asegura de que su legado refleje la esencia de quién es usted y lo que defiende.

Navegar por el terreno emocional de la planificación patrimonial puede ser un reto, pero no tiene por qué hacerlo solo. Hay recursos disponibles para ayudarle a hacer frente a estas complejidades. Los grupos de asesoramiento y apoyo ofrecen un espacio seguro para expresar sus preocupaciones y recibir orientación de profesionales o compañeros que entienden su situación. La literatura y los talleres centrados en la planificación del legado pueden aportar ideas adicionales, ofreciendo estrategias y perspectivas que podrían coincidir con su experiencia. Estos recursos pueden ser muy valiosos no solo para gestionar los aspectos emocionales de la planificación de la herencia, sino también para enriquecer su comprensión de cómo elaborar un legado que esté en consonancia con sus valores más profundos. Buscar apoyo puede transformar lo que puede parecer una tarea abrumadora en un proceso de empoderamiento y claridad, garantizando que deje un legado del que usted y sus seres queridos puedan enorgullecerse.

6.5 Evitar errores comunes en la planificación patrimonial

Embarcarse en la planificación patrimonial sin una brújula puede conducir a trampas innecesarias. Un error frecuente es no actualizar los documentos con regularidad. La vida es dinámica: las familias crecen, las relaciones cambian y la situación financiera evoluciona. Sin embargo, muchas personas archivan sus testamentos y fideicomisos pensando que el trabajo está hecho. Este descuido puede dar lugar a documentos obsoletos que ya no reflejan sus deseos actuales o la estructura familiar. Imagínese las complicaciones si un ser querido es excluido involuntariamente de un testamento, o peor aún, si un pariente lejano sigue siendo beneficiario. Las actualizaciones periódicas garantizan que su plan sucesorio siga siendo relevante, respetando sus verdaderas intenciones y minimizando los posibles conflictos. Pasar por alto los activos digitales es otro paso en falso en la era moderna. El patrimonio actual va más allá de las posesiones físicas e incluye cuentas en línea, divisas digitales e incluso perfiles en redes sociales. Sin instrucciones claras, estos activos pueden volverse inaccesibles, con la consiguiente pérdida de valor y de recuerdos personales. Como parte de su plan de sucesión, considere la posibilidad de incluir estos activos digitales y proporcionar información de acceso, asegurándose de que se gestionan de acuerdo con sus deseos.

La orientación profesional es inestimable para navegar por las complejidades de la planificación patrimonial. Consultar a un abogado especializado en planificación patrimonial o a un asesor financiero puede evitar costosos errores derivados de malentendidos legales o de complejidades financieras. Estos expertos ofrecen información sobre los matices de los impuestos sobre el patrimonio, la protección de activos y los requisitos legales, garantizando que su plan sea eficaz y cumpla la normativa. Pueden ayudarle a elaborar una estrategia que se ajuste a sus objetivos y a sortear posibles obstáculos legales. Las revisiones patrimoniales exhaustivas llevadas a cabo con ayuda profesional pueden revelar lagunas o puntos débiles en su plan, ofreciendo oportunidades de perfeccionamiento y mejora. Las revisiones periódicas también tienen en cuenta los cambios en las leyes o normativas que puedan afectar a su patrimonio, garantizando el cumplimiento y la optimización continuos. El apoyo de profesionales no solo refuerza la solidez de su plan, sino que también le proporciona la tranquilidad de saber que su legado está en buenas manos.

La documentación exhaustiva de su plan de sucesión es crucial para la claridad y la ejecución. Sin instrucciones claras y detalladas, incluso los planes mejor intencionados pueden fracasar. La creación de una lista de comprobación exhaustiva de la planificación de la sucesión ayuda a organizar sus ideas y garantiza que no se pase por alto ningún elemento crítico. Esta lista puede incluir una lista de activos, beneficiarios designados e instrucciones específicas para la distribución de activos. Organizar estos documentos de forma segura es igualmente importante. Considere una caja de seguridad o una cámara digital segura para guardar los originales y las copias. Asegúrese de que su albacea o familiares de confianza sepan dónde se guardan estos documentos y cómo acceder a ellos cuando sea necesario. Una organización adecuada evita confusiones y retrasos, facilitando una transición más fluida para sus beneficiarios.

La planificación de las decisiones relativas a la incapacitación y al final de la vida es una parte integral de la planificación patrimonial que a menudo se pasa por alto. Es esencial prepararse para situaciones en las que no pueda tomar decisiones por enfermedad o lesión. Los poderes notariales garantizan que alguien de su confianza pueda gestionar sus asuntos económicos en caso de que usted quede incapacitado. Del mismo modo, las directrices sanitarias describen sus preferencias de tratamiento médico y sirven de guía a sus seres queridos y al personal sanitario en los momentos difíciles. Estas directrices pueden incluir instrucciones sobre tratamientos de soporte vital, donación de órganos y tratamiento del dolor. Discutir con su familia las preferencias sobre los cuidados al final de la vida puede ser difícil, pero es necesario para garantizar que se respeten sus deseos. Las conversaciones abiertas sobre estos temas pueden aliviar la carga emocional de sus seres queridos, aportando claridad y consuelo en un momento ya de por sí estresante.

Para concluir este capítulo, recuerde que la planificación patrimonial es un proceso continuo, no un hecho aislado. Si evita los errores más comunes, busca asesoramiento profesional y se asegura de que la documentación es completa, creará un plan que refleje sus intenciones y se adapte a los cambios de la vida. Este enfoque proactivo no solo salvaguarda su legado, sino que también le proporciona tranquilidad a usted y a sus seres queridos. A medida que avancemos, el próximo capítulo profundizará en la gestión de la deuda y los ingresos fijos en la jubilación, proporcionando estrategias para mantener la estabilidad financiera.

No pases al siguiente capítulo sin hacer lo siguiente;

1. ¿Tiene testamento o fideicomiso? Si no lo tiene, asegúrese de hacerlo. Es muy importante y sin uno su patrimonio será administrado por el estado. Póngase en contacto con un abogado especializado en sucesiones
2. Si tiene testamento o fideicomiso, ¿cuándo se actualizó por última vez? ¿Necesita actualizarlo?
3. ¿Ha hablado con su familia sobre sus deseos y su testamento? Prográmese

ahora

4. Anota en tu agenda el año que viene por estas fechas para revisarlo de nuevo y ver si hay que actualizar algo.

5. ¿Tiene un poder notarial y una directiva sanitaria? Póngase en contacto con un abogado para redactarlo

Capítulo 7

Gestión de la deuda y la renta fija

Imagínese que se encuentra en el umbral de la jubilación, una época destinada a la relajación y a la búsqueda de pasiones, pero en lugar de eso, se siente agobiado por las obligaciones financieras. No es el único. Hoy en día, muchos jubilados tienen deudas importantes, una realidad que era menos común en generaciones anteriores. De hecho, el porcentaje de hogares en los que un adulto de 65 años o más tiene deudas ha aumentado considerablemente, y el Baby Boomer medio tendrá una deuda de aproximadamente 90.000 dólares en 2020. Este capítulo está dedicado a ayudarle a gestionar y priorizar el pago de sus deudas, asegurándose de que sus años de jubilación estén lo más libres de preocupaciones posible. Si aborda sus deudas de forma estratégica, podrá recuperar el control de sus finanzas y centrarse en disfrutar de sus años dorados.

7.1 Priorizar el reembolso de la deuda

El primer paso para hacer frente a las deudas es hacer un inventario exhaustivo de sus obligaciones financieras. Empiece por hacer una lista de todas sus deudas, incluidas tarjetas de crédito, hipotecas, préstamos estudiantiles y cualquier otro saldo pendiente. Para cada deuda, anota el saldo actual, el tipo de interés y el pago mensual. Clasifícalas en deudas garantizadas, como las hipotecas, que están respaldadas por una garantía, y deudas no garantizadas, como las tarjetas de crédito, que no están vinculadas a ningún activo. Esta categorización le ayuda a comprender el alcance total de su situación financiera y a identificar qué deudas suponen la mayor carga financiera. Al ver claramente los detalles de sus deudas, obtendrá la información necesaria para formular un plan de reembolso.

Con una idea clara de sus deudas, puede desarrollar un plan de amortización estratégico que se ajuste a su situación financiera y a sus objetivos. Dos métodos populares para la amortización de deudas son el método de amortización de deudas y el método de aceleración de deudas. El método de amortización gradual consiste en pagar las deudas de menor a mayor, ganando impulso a medida que se elimina cada una de ellas. Este método proporciona un impulso psicológico, ya que las ganancias rápidas te mantienen motivado. Por otro lado, el método del acelerador se centra en pagar primero las deudas con los tipos de interés más altos, lo que a la larga le ahorrará más dinero. Cada método tiene sus ventajas, y la elección depende de sus preferencias personales y de sus circunstancias financieras. Además, considere los pros y los contras de consolidar las deudas con tipos de interés altos en un único préstamo con un tipo de interés más bajo. La consolidación puede simplificar los pagos y reducir potencialmente los costes por intereses, pero es esencial sopesar las posibles comisiones y asegurarse de no acumular nuevas deudas.

Reducir los tipos de interés puede aliviar considerablemente la carga de la deuda y hacer más llevadera la devolución. Empiece por negociar con los acreedores para reducir los tipos de interés. Muchos acreedores están abiertos a negociar, sobre todo si tienes un historial de pagos puntuales. Llámalos, presenta tu caso con claridad y resalta tu compromiso de pagar la deuda. Otra opción es refinanciar los préstamos con intereses elevados. Al obtener un tipo de interés más bajo, puede reducir sus pagos mensuales y el total de intereses pagados durante la vida del préstamo. Sin embargo, la refinanciación suele conllevar comisiones, por lo que es fundamental calcular el ahorro a largo plazo para asegurarse de que resulta rentable. Explorar estas opciones puede proporcionarle alivio, permitiéndole dirigir más fondos hacia la reducción del principal.

Equilibrar el pago de la deuda con el ahorro para la jubilación es una danza delicada, pero es posible con una planificación cuidadosa. Establecer objetivos dobles para la reducción de la deuda y el aumento de los ahorros garantiza que no estás sacrificando tu futuro por un alivio inmediato. Asigna cualquier ingreso extra, como bonificaciones o devoluciones de impuestos, tanto al pago de la deuda como a los ahorros para la jubilación. Este enfoque mantiene el progreso en ambos frentes, proporcionando una sensación de logro y seguridad. El objetivo final debería ser llegar a la jubilación sin deudas, liberando sus finanzas para centrarse en mantener su estilo de vida. Aunque el pago agresivo de la deuda es crucial, es igualmente importante seguir acumulando ahorros para asegurarse de que está preparado para las exigencias financieras de la jubilación.

7.2 Estrategias para vivir con ingresos fijos

Vivir con unos ingresos fijos durante la jubilación puede ser como caminar por la cuerda floja. Cada mes recibes una cantidad fija, y de ti depende que alcance para cubrir todas tus necesidades. A diferencia de los ingresos variables, en los que los ingresos fluctúan y pueden aumentar con el tiempo, los ingresos fijos proporcionan constancia, pero también limitaciones. Entre las fuentes más habituales están las pensiones, que son pagos regulares de empresas anteriores, y las rentas vitalicias, contratos que pagan en un flujo constante. Estas fuentes proporcionan previsibilidad y tranquilidad, pero también exigen disciplina presupuestaria, ya que dejan poco margen para gastos imprevistos. Comprender estas dinámicas le ayudará a planificar con precisión, asegurándose de que su estilo de vida se ajusta a su realidad financiera.

Maximizar las prestaciones públicas y de jubilación es crucial para reforzar sus ingresos fijos. La Seguridad Social desempeña un papel vital, y asegurarse de que recibe todas las prestaciones puede afectar significativamente a su estabilidad financiera. Esto significa ser estratégico a la hora de solicitar las prestaciones. Retrasar la solicitud hasta los 70 años, por ejemplo, puede aumentar su cheque mensual. Del mismo modo, si tiene una pensión, verifique sus condiciones y explore todas las opciones para maximizar los pagos. Las rentas vitalicias también ofrecen oportunidades de optimización. Elegir la opción de pago adecuada, ya sea una renta vitalicia o un periodo fijo, puede afectar a sus ingresos totales. Cada decisión requiere una cuidadosa consideración de sus necesidades a largo plazo y de sus objetivos financieros, para asegurarse de que está aprovechando al máximo las prestaciones de que dispone.

Si es necesario, adoptar medidas de ahorro es una forma práctica de hacer que tus ingresos fijos rindan más. Empieza por aplicar medidas de ahorro energético en casa, cómo utilizar bombillas LED, sellar las corrientes de aire y regular el termostato con prudencia. Estos pequeños cambios pueden suponer un ahorro significativo en las facturas de los servicios públicos. Además, aproveche los descuentos para mayores disponibles en muchos comercios, restaurantes y lugares de ocio. Estos descuentos pueden ayudar a reducir los gastos cotidianos, liberando fondos para otras prioridades. Los recursos comunitarios, como las bibliotecas locales y los centros de mayores, ofrecen actividades gratuitas o de bajo coste que proporcionan enriquecimiento sin forzar su presupuesto. Vivir con frugalidad no significa sacrificar la calidad de vida; se trata de tomar decisiones meditadas que se ajusten a su situación financiera.

Planificar la inflación y los ajustes del coste de la vida es esencial para mantener su poder adquisitivo. La inflación puede erosionar el valor de sus ingresos fijos con el tiempo, por lo que es crucial incorporar estrategias que le protejan de ella. Invertir en valores protegidos contra la inflación, como los valores del Tesoro protegidos contra la inflación (TIPS), puede ayudarle a preservar su patrimonio. Estos bonos aumentan de valor con la inflación, proporcionando una protección contra el aumento de los costes. Además, es importante ajustar su presupuesto anualmente para tener en cuenta los aumentos del coste de la vida. Esto puede significar reasignar fondos de gastos discrecionales para cubrir gastos esenciales que hayan aumentado. Si se mantiene proactivo y adaptable, se asegurará de que sus ingresos sigan el ritmo del cambiante panorama económico, manteniendo la estabilidad financiera que tanto le ha costado conseguir. Si se da cuenta de que vivir con unos ingresos fijos no le basta para vivir, puede considerar la posibilidad de retirar algunos fondos de su cuenta de jubilación para completar sus ingresos.

7.3 Crear un presupuesto de jubilación

Elaborar un presupuesto realista para la jubilación es un paso vital para salvaguardar su estabilidad financiera durante sus años dorados. Este proceso comienza clasificando los gastos en fijos y discrecionales. Los gastos fijos, como la vivienda, los servicios públicos y el seguro, son previsibles y se repiten mensualmente. Son sus gastos no negociables, los que debe cubrir para mantener su nivel de vida. En cambio, los gastos discrecionales incluyen cosas como salir a cenar, viajes y aficiones. Estos gastos son más flexibles y ofrecen la posibilidad de hacer ajustes si el presupuesto es ajustado. No pase por alto los gastos irregulares: son las sorpresas que le depara la vida, como la compra de un coche nuevo o una reparación inesperada de la casa. Incluirlos en su presupuesto le ayuda a estar preparado para los imprevistos de la vida, reduciendo el estrés y las tensiones financieras.Creamos esto en los capítulos 1 y 4, pero no dude en actualizarlo si las cosas cambian.

Para mantener una disciplina presupuestaria, considera la posibilidad de utilizar herramientas digitales y aplicaciones diseñadas para este fin, como las que mencionamos en el capítulo 1. Las aplicaciones presupuestarias como Empower (antes Personal Capital) y YNAB (You Need a Budget) ofrece funciones completas que permiten realizar un seguimiento de los gastos, establecer objetivos presupuestarios y enlazar directamente con las cuentas bancarias para realizar actualizaciones sin problemas. Estas herramientas ofrecen paneles visuales que muestran claramente en qué se gasta el dinero cada mes, lo que facilita la identificación de patrones de gasto y áreas de mejora. Las ventajas de utilizar herramientas digitales van más allá del mero seguimiento. Ofrecen información y alertas que pueden ayudarle a estar al tanto de sus finanzas, asegurándose de que cumple su plan y se mantiene alineado con sus objetivos de jubilación. Al adoptar la tecnología, obtendrá una visión más clara de su panorama financiero, lo que le permitirá tomar decisiones con conocimiento de causa.

A medida que evoluciona la vida, también debe hacerlo su presupuesto. Las revisiones periódicas son cruciales para adaptarse a los cambios de estilo de vida y a los imprevistos. Considera la planificación de escenarios como un enfoque proactivo, previendo posibles cambios como mudarte a otra ciudad, dedicarte a un nuevo hobby o afrontar gastos relacionados con la salud. Este ejercicio le ayuda a anticiparse a las necesidades financieras y a reasignar los fondos de su presupuesto en consecuencia. Las técnicas de reasignación pueden incluir el traspaso de dinero de gastos discrecionales a gastos fijos o la búsqueda de oportunidades de ahorro en la rutina diaria. Si se mantiene flexible y adaptable, su presupuesto puede adaptarse a los cambios de la vida sin comprometer su seguridad financiera.

Incorporar ahorros y fondos de emergencia a tu presupuesto es otro componente fundamental. Reservar un porcentaje de tus ingresos para el ahorro te asegura un colchón financiero, listo para ayudarte en circunstancias imprevistas. Puede ser algo tan sencillo como una transferencia mensual a una cuenta de ahorro o una aportación automática a un fondo de inversión. Un fondo de emergencia actúa como red de seguridad financiera, diseñado para cubrir gastos imprevistos como emergencias médicas o reparaciones urgentes en el hogar. Constituir y mantener este fondo requiere disciplina, pero ofrece la tranquilidad de saber que se dispone de recursos a los que recurrir cuando sea necesario. Debe estar en una cuenta del mercado monetario y ser fácilmente accesible para los gastos que puedan surgir. Al integrar estos elementos en su presupuesto, creará un plan financiero global que cubra tanto sus necesidades actuales como sus aspiraciones futuras.

7.4 Gestión de gastos imprevistos durante la jubilación

La jubilación suele verse como un periodo de tranquilidad y disfrute, pero la realidad a veces puede ser chocante. Los gastos imprevistos acechan en cada esquina, a la espera de perturbar su paz. Imagine la necesidad repentina de una reparación importante en su hogar, como una gotera en el tejado que amenaza con inundar su vivienda, o la avería inesperada de su sistema de calefacción en pleno invierno. Estas reparaciones pueden convertirse rápidamente en una carga financiera si no estás preparado. Los gastos relacionados con la salud, que no están cubiertos por el seguro, también pueden pasar factura. Ya se trate de una intervención dental imprevista o de una urgencia médica que requiera desembolsos directos, estos gastos pueden poner a prueba unos ingresos fijos. Reconocer estos peligros potenciales es el primer paso para salvaguardar su salud financiera.

Crear un plan de contingencia para emergencias es como tener una red de seguridad financiera. Establecer un fondo de contingencia separado dedicado a gastos imprevistos garantiza que no te pille desprevenido. Este fondo actúa como primera línea de defensa, cubriendo los gastos sin tener que recurrir al presupuesto habitual. La cantidad a reservar depende de sus circunstancias, pero una buena regla general es prever entre tres y seis meses de gastos. Este colchón proporciona la tranquilidad de saber que estás preparado para lo que pueda ocurrir. Además de crear este fondo, considere estrategias para reasignar los recursos existentes. En caso necesario, esto podría implicar cortar temporalmente los gastos discrecionales o recurrir a ahorros menos importantes para hacer frente a las emergencias. Con un plan, evitarás el estrés y el posible caos financiero que pueden provocar los imprevistos.

Explorar las opciones de seguro es otra estrategia fundamental para mitigar el impacto de importantes cargas financieras inesperadas. Las pólizas de seguros, como las garantías del hogar, pueden cubrir el coste de reparaciones importantes, desde electrodomésticos hasta fontanería, reduciendo así los gastos de su bolsillo. Un seguro médico complementario puede llenar los vacíos que deja Medicare, cubriendo servicios que de otro modo serían inasequibles. Al evaluar las opciones de seguro, considere detenidamente la relación coste-beneficio. Evalúe si las primas y las franquicias se ajustan a su capacidad financiera y a la probabilidad de necesitar esa cobertura. Es esencial encontrar un equilibrio entre la protección adecuada y la asequibilidad. Al elegir la cobertura adecuada, protegerá sus finanzas de gastos potencialmente devastadores, garantizando que su jubilación siga siendo financieramente segura.

Los recursos y el apoyo comunitarios ofrecen una ayuda inestimable, especialmente para los jubilados. Los programas locales pueden proporcionar ayuda en forma de reparaciones domésticas subvencionadas, servicios sanitarios o incluso asesoramiento financiero. Los centros de mayores organizan a menudo talleres y seminarios sobre la gestión de las finanzas, ofreciendo consejos prácticos y estrategias. No subestime el poder de las redes de apoyo de la comunidad, que pueden proporcionar tanto apoyo financiero como emocional. Recurrir a estos recursos no solo le ayuda a gestionar gastos inesperados, sino que también le pone en contacto con una comunidad de personas que se enfrentan a retos similares. Aprovechar el apoyo disponible puede aliviar la carga de los gastos imprevistos, permitiéndote afrontar la jubilación con confianza y elegancia.

Al considerar la imprevisibilidad de la vida, recuerde que la preparación es la clave. Establecer planes de contingencia, explorar opciones de seguros y aprovechar los recursos comunitarios son pasos proactivos que fortalecen su base financiera. Al anticiparse y planificar lo inesperado, se asegura de que su jubilación sea lo menos estresante y lo más satisfactoria posible.

Ejercicio: Planifique su jubilación

Planificar la jubilación es algo más que un ejercicio financiero; se trata de imaginar la vida que quiere llevar y asegurarse de que dispone de los recursos para hacerla realidad. Empiece este proceso haciendo una lista de todas sus posibles fuentes de ingresos. Por ejemplo, prestaciones de la Seguridad Social, pagos de fondos de jubilación, trabajo a tiempo parcial o cualquier otra fuente de ingresos. Es fundamental tener una idea clara de sus ingresos mensuales o anuales previstos, ya que constituyen la base de su plan de jubilación. Piensa en ello como si trazaras un mapa de tu panorama financiero, en el que cada fuente de ingresos actúa como un pilar que sostiene tu futuro estilo de vida.

A continuación, presta atención a los gastos. Ya ha evaluado sus gastos actuales en el capítulo 1, pero ahora es el momento de proyectar sus gastos futuros. Piense qué gastos disminuirán o desaparecerán por completo durante la jubilación. ¿Habrá liquidado su hipoteca? ¿Desaparecerán los gastos de desplazamiento al dejar de trabajar? No olvide tener en cuenta la inflación, que puede afectar significativamente a su poder adquisitivo con el paso del tiempo. También hay que tener en cuenta los gastos sanitarios, las cuotas de cuidados a largo plazo, las primas de Medicare y cualquier seguro médico complementario. Estos gastos relacionados con la salud suelen ser más importantes a medida que envejecemos, y planificarlos es crucial para mantener la salud financiera. Elabore una lista exhaustiva, sin olvidar ningún gasto, para tener una idea realista de lo que necesitará. Si no hiciste este ejercicio en los capítulos 1 y 4, hazlo ahora. La plantilla que necesitarás está en el capítulo 1.

Los gastos puntuales requieren una atención especial. Son los gastos más importantes y menos frecuentes que pueden desbaratar su presupuesto si no se planifican. Piense en reservar fondos para emergencias sanitarias, mantenimiento o mejoras de la vivienda, compra de un coche nuevo o incluso planificación de vacaciones. Estos gastos son como los giros inesperados de la trama de una novela: pueden pillarle desprevenido si no está preparado. Al prever estos gastos e incorporarlos a su plan financiero, se asegura de que no se conviertan en una carga económica. Esta previsión le permitirá disfrutar de las sorpresas de la vida en lugar de temerlas, lo que le proporcionará tranquilidad en sus años de jubilación.

Una vez que tengas tus listas, introduce esta información en una calculadora de jubilación online como Boldin. Sitios web como Vanguard o Fidelity ofrecen calculadoras de jubilación fáciles de usar que te ayudarán a calcular tu "número de jubilación", es decir, la cantidad que necesitarás para mantener tu estilo de vida. Estas calculadoras tienen en cuenta factores como la inflación, el rendimiento de las inversiones y la esperanza de vida, y ofrecen una instantánea personalizada de su futuro financiero. El resultado es un objetivo claro al que aspirar, que pone de relieve cualquier diferencia entre sus ahorros actuales y sus necesidades futuras. Si su cifra de jubilación difiere de forma alarmante de sus ahorros actuales, es hora de elaborar una estrategia. Considere la posibilidad de ajustar su perfil de riesgo, quizás cambiando a inversiones con mayor rentabilidad si se siente cómodo con el mayor riesgo. Consulte con su departamento de RR.HH. o con un asesor de inversiones, o conéctese en línea a su portal de fondos para explorar fondos con mejor rendimiento y comisiones más bajas. Reducir gastos y explorar formas de aumentar tus ingresos, como trabajos a tiempo parcial o proyectos paralelos, también puede ayudarte a salvar la distancia.

Al concluir este ejercicio, recuerde que la planificación de la jubilación es un proceso continuo, no una tarea de una sola vez. Requiere revisiones y ajustes periódicos a medida que evolucionan sus circunstancias y el panorama económico. Este enfoque proactivo garantiza que no solo esté planificando su jubilación, sino que esté forjando activamente un futuro acorde con sus sueños y objetivos. Con un plan sólido en marcha, estará bien preparado para la transición al siguiente capítulo de su vida, confiado en su seguridad financiera y listo para aprovechar las oportunidades que se le presenten.

No pases al siguiente capítulo sin hacer lo siguiente;

1. Enumera tus deudas y establece un plan para saldarlas.
2. Elabore o revise su presupuesto de jubilación. Si aún no lo ha hecho, hágalo ahora.
3. Calcule su número de jubilación en Boldin o utilizando una calculadora de jubilación en línea como Vanguard

Capítulo 8

Preparación emocional y psicológica

Acercarse a la jubilación puede ser como estar al borde de un vasto territorio desconocido, lleno de promesas e incertidumbres. Para muchos, la transición de una vida laboral estructurada a una rutina más fluida puede provocar un torbellino de emociones. Es un periodo marcado por cambios significativos, en el que el ritmo familiar de las tareas diarias da paso a una libertad desconocida. Este capítulo aborda los cambios emocionales y psicológicos que acompañan a la jubilación, ofreciendo ideas y estrategias para navegar por esta nueva etapa de la vida con confianza y claridad. Comprender estos cambios es crucial, ya que sienta las bases para una jubilación satisfactoria y equilibrada.

8.1 Comprender el impacto emocional de la jubilación

La jubilación suele anunciar un profundo cambio en el sentido de la identidad y el propósito. Después de años de definirnos a través de nuestras carreras, dar un paso atrás puede provocar sentimientos de pérdida. Muchos jubilados se preguntan: "¿Quién soy sin mi trabajo?". Esta pregunta puede evocar una profunda sensación de incertidumbre. Las interacciones diarias con los compañeros, la estructura de la jornada laboral y la sensación de contribuir a un objetivo mayor proporcionan un marco que muchos echan de menos. Es habitual sentirse a la deriva, como si se hubiera dejado atrás una parte clave de la propia identidad. Esta pérdida de identidad puede llevar a luchas emocionales, como ansiedad e incluso depresión, mientras uno se esfuerza por redefinir su lugar en el mundo.

El aspecto financiero de la jubilación también desempeña un papel importante en el bienestar emocional. La preocupación por la seguridad financiera puede eclipsar la emoción de la nueva libertad. La transición de un sueldo regular a la gestión de unos ingresos fijos requiere una planificación y un ajuste cuidadosos. Muchos jubilados se preocupan por si tienen ahorros suficientes para mantener su estilo de vida, lo que contribuye a la ansiedad y el estrés. Esta incertidumbre financiera puede afectar a la salud mental, creando un ciclo de preocupación que eclipsa las alegrías potenciales de la jubilación. Abordar estas preocupaciones y desarrollar un plan financiero realista puede aliviar algunos de estos temores, permitiéndote centrarse en disfrutar de este nuevo capítulo.

El cambio psicológico de un entorno laboral estructurado a un estilo de vida más abierto es otro aspecto crucial a tener en cuenta. El lugar de trabajo suele proporcionar una rutina y un sentido del propósito que pueden ser difíciles de reproducir en la jubilación. Sin un horario fijo, puede perderse la estructura diaria y sentirse sin rumbo. La libertad de gestionar su propio tiempo puede parecer atractiva, pero requiere autodisciplina y motivación para crear un horario satisfactorio. Establecer una nueva rutina que incorpore actividades, interacción social y crecimiento personal puede ofrecer una sensación de estabilidad y propósito. Esta gestión autodirigida del tiempo es clave para el éxito de la transición, ya que ayuda a sustituir la estructura que antes proporcionaba el trabajo.

Comprender las etapas de la adaptación emocional durante la jubilación puede compararse a un ciclo similar al duelo. Al principio, puede haber una sensación de entusiasmo y alivio al liberarse del estrés laboral. Sin embargo, puede seguirle un periodo de desilusión a medida que se impone la realidad de la jubilación. Es normal tener una sensación de pérdida e incertidumbre durante esta fase. Sin embargo, poco a poco surgen la aceptación y la adaptación, a medida que empieza a redefinir su identidad y a establecer nuevas rutinas. Esta aceptación gradual es una parte fundamental del proceso de adaptación, que indica un cambio hacia el aprovechamiento de las oportunidades que ofrece la jubilación. Reconocer estas etapas ayuda a reconocer que los altibajos emocionales son una parte natural de la transición.

Afrontar los retos emocionales de la jubilación requiere estrategias prácticas para gestionar y trabajar estos sentimientos. Llevar un diario puede ser una herramienta eficaz para procesar emociones y pensamientos, ya que proporciona un espacio privado para explorar preocupaciones y aspiraciones. Escribir con regularidad puede ayudar a clarificar los sentimientos y ofrecer perspectivas de crecimiento personal. Las prácticas de atención plena y meditación también son valiosas, ya que favorecen la relajación y reducen el estrés. Estas prácticas animan a vivir el momento, ayudan a calmar la mente y a centrarse en el presente. Relacionarse con otras personas, especialmente con compañeros jubilados, puede proporcionar apoyo y comprensión compartida. Entablar conversaciones con quienes están experimentando transiciones similares puede ofrecer consuelo y perspectiva. Ya sea a través de reuniones informales o grupos de apoyo, estas conexiones le recuerdan que no está solo en este viaje.

Sección de reflexión: Adaptaciones emocionales

Considere las siguientes preguntas al reflexionar sobre su preparación emocional para la jubilación:

1. ¿Cómo define su identidad más allá de su carrera?
2. ¿Qué preocupaciones financieras tiene y cómo puede resolverlas?
3. ¿Qué nuevas rutinas puede establecer para dotarse de estructura y propósito?
4. ¿Cómo superará las fases de adaptación emocional, desde la excitación hasta la aceptación?
5. ¿Qué estrategias emplear para afrontar los retos emocionales?

Reflexionar sobre estas cuestiones puede guiar tu camino, asegurándose de que afrontas esta nueva etapa con resiliencia y optimismo.

8.2 Encontrar el propósito y la plenitud

La jubilación abre un mundo de posibilidades y ofrece tiempo para explorar intereses que durante mucho tiempo se dejaron de lado. Es una oportunidad para sumergirse en aficiones y pasatiempos que antes parecían inalcanzables. Imagínese la satisfacción de aprender durante toda la vida a través de clases o talleres. Ya sea cerámica, fotografía o incluso un nuevo idioma, estas actividades estimulan la mente y fomentan la creatividad. Las actividades creativas, como pintar o escribir, no solo mantienen las manos ocupadas, sino que también permiten expresar emociones e ideas. Se convierten en una fuente de alegría y satisfacción, ya que proporcionan tanto una salida creativa como una sensación de logro. Abrazar nuevos intereses puede transformar sus días, llenándose de propósito y entusiasmo. Esta exploración de intereses no consiste solo en llenar el tiempo; se trata de enriquecer tu vida y descubrir pasiones que realmente resuenen contigo.

El voluntariado es otra vía que ofrece una inmensa satisfacción personal y un sentido de finalidad. Al retribuir a la comunidad, se crean vínculos significativos y se contribuye a causas importantes. Abundan las oportunidades en organizaciones benéficas y sin ánimo de lucro locales, donde tus habilidades y experiencia pueden marcar una verdadera diferencia. Las opciones son variadas y gratificantes: desde ayudar en bancos de alimentos hasta en refugios de animales. Los programas de tutoría son otro camino gratificante que te permite guiar a las generaciones más jóvenes compartiendo la sabiduría acumulada durante años de experiencia. Es una oportunidad para dejar una huella duradera, fomentando el crecimiento y el desarrollo de los demás. Y si no estás preparado para alejarte por completo de la vida laboral, el trabajo a tiempo parcial o la consultoría pueden llenar ese vacío. No solo te proporciona una fuente de ingresos, sino que también te mantiene comprometido y conectado con tu identidad profesional, ofreciéndote un enfoque equilibrado de la jubilación.

Establecer objetivos personales es crucial para mantener un sentido de dirección y motivación. Crear una lista de experiencias o logros puede servirte de hoja de ruta para esta nueva etapa. Quizá haya lugares que siempre has soñado visitar o habilidades que anhelas dominar. Estas aspiraciones añaden emoción y expectación a tus días, proporcionándote objetivos claros por los que luchar. Los objetivos de salud y bienestar son igualmente importantes, ya que garantizan el mantenimiento de la vitalidad física y la claridad mental. Ya se trate de comprometerse a hacer ejercicio con regularidad o de adoptar hábitos alimentarios más saludables, estos objetivos favorecen un estilo de vida equilibrado. Refuerzan la idea de que la jubilación no es una época de declive, sino de crecimiento y renovación. Al alinear estos objetivos con sus pasiones y valores, creará una jubilación satisfactoria y llena de sentido, repleta de oportunidades para el desarrollo y el enriquecimiento personal.

Consideremos las historias de jubilados que han encontrado con éxito un nuevo propósito, cada una de las cuales ofrece inspiración y perspicacia. Tomemos, por ejemplo, el caso de un ingeniero jubilado que descubrió su pasión por la carpintería y transformó un hobby en una empresa que fabrica muebles a medida para la comunidad. Su viaje pone de relieve el potencial de reinventarse a uno mismo, convirtiendo las habilidades en nuevas empresas. Otra jubilada encontró la alegría en el voluntariado en una escuela local, donde enseña a leer a los niños. Sus esfuerzos no solo mejoran la alfabetización, sino que también fomentan el amor por el aprendizaje, influyendo en las vidas de innumerables estudiantes. Estas historias ilustran la multitud de formas en que los jubilados pueden contribuir, encontrando satisfacción en compartir sus talentos y conocimientos con los demás. Nos recuerdan que la jubilación no es un final, sino un principio, un momento para asumir nuevas funciones y hacer contribuciones significativas a la sociedad. Cada relato subraya el poder del propósito, demostrando cómo enriquece tanto al individuo como a la comunidad.

Estudio de caso: El poder de los nuevos comienzos

Conozca a John, un antiguo ejecutivo que pasó décadas ascendiendo en su carrera profesional. Al jubilarse, sintió un vacío, inseguro de cómo llenar las horas que antes dedicaba al trabajo. Instado por un amigo, asistió a una clase de arte y descubrió un talento latente para la pintura. A medida que perfeccionaba sus habilidades, John fue ganando confianza, lo que le llevó a su primera exposición pública. Animado por los comentarios positivos, ahora da clases de arte y comparte su nueva pasión con los demás. La historia de John ejemplifica el poder transformador de explorar nuevos intereses durante la jubilación. Muestra cómo salir de la zona de confort puede desvelar talentos ocultos y abrir puertas a oportunidades inesperadas. Su viaje es un testimonio de las infinitas posibilidades que ofrece la jubilación, y sirve de inspiración a otros para perseguir sus pasiones y encontrar la plenitud en territorios inexplorados de creatividad y autoexpresión.

8.3 Crear una red de apoyo a la jubilación

En la transición a la jubilación, nunca se insistirá lo suficiente en la importancia de contar con una sólida red de apoyo. Mantener los vínculos sociales es vital para el bienestar emocional y puede mejorar significativamente la calidad de sus años de jubilación. Las amistades y los lazos familiares existentes ofrecen una base familiar que proporciona consuelo y seguridad. Estas relaciones le recuerdan que no está solo en esta nueva etapa de su vida. Le ofrecen un sentimiento de pertenencia, un espacio seguro para compartir sus experiencias y una fuente de aliento cuando explora nuevos intereses o se enfrenta a nuevos retos. Aprecia estos lazos y cuídalos, ya que son los anclas que te mantienen con los pies en la tierra.

Para muchos, los grupos de apoyo adaptados a los jubilados ofrecen otro nivel de conexión. Estos grupos reúnen a personas que experimentan transiciones similares, proporcionando una plataforma para la comprensión y la empatía compartidas. Ofrecen un espacio para debatir sentimientos, intercambiar consejos y obtener ideas de otras personas que han recorrido el mismo camino. Participar en estos grupos puede aliviar los sentimientos de aislamiento y fomentar un sentimiento de comunidad y camaradería. Ya sea mediante reuniones formales o encuentros informales, estas conexiones enriquecen la vida social y proporcionan sustento emocional.

Ampliar su círculo social durante la jubilación es igualmente importante. Le ofrece la oportunidad de conocer a gente nueva y entablar nuevas amistades que pueden aportar vitalidad a su vida cotidiana. Unirse a clubes o grupos basados en intereses compartidos, como jardinería, clubes de lectura o senderismo, crea temas de conversación naturales y puntos en común que facilitan la conexión con los demás. Estas actividades no solo estimulan la mente, sino que también fomentan un sentimiento de pertenencia al relacionarse con personas de ideas afines. Participar en eventos y actividades de la comunidad es otra forma excelente de ampliar su red social. Ya sea asistiendo a festivales locales, trabajando como voluntario en centros comunitarios o apuntando a clases de gimnasia, estas actividades le presentarán nuevas caras y experiencias que mejorarán su estilo de vida durante la jubilación.

En la era digital actual, la tecnología desempeña un papel crucial a la hora de mantener y ampliar las conexiones sociales. Las videollamadas y las plataformas de redes sociales le mantienen conectado con sus seres queridos, independientemente de la distancia. Permiten compartir momentos, celebrar hitos y mantener relaciones significativas con familiares y amigos. Plataformas en línea como Meetup o Eventbrite pueden ayudarle a descubrir eventos locales y grupos de interés, ofreciéndole oportunidades de conocer gente nueva en su zona. Estas herramientas digitales acortan la distancia física y la interacción social, garantizando que permanezcas conectado y comprometido.

Sin embargo, las interacciones sociales en la jubilación pueden suponer un reto, sobre todo si es usted tímido o reservado por naturaleza. Superar las ansiedades sociales implica desarrollar estrategias para iniciar conversaciones y entablar nuevas relaciones. Empiece practicando la escucha activa, mostrando un interés genuino por los demás y formulando preguntas abiertas que fomenten el diálogo. Este enfoque le ayuda a ganar confianza y fomenta conexiones más profundas. Si la timidez o el retraimiento social son un obstáculo, empiece dando pequeños pasos. Asiste a eventos con un amigo para que te apoye o elige reuniones que coincidan con tus intereses, donde es más probable que te sientas cómodo. Poco a poco, a medida que se relacione más con los demás, aumentará su confianza, lo que le permitirá aprovechar nuevas oportunidades sociales.

En la jubilación, el valor de una sólida red de apoyo se hace evidente. Fomenta el bienestar emocional, enriquece las experiencias cotidianas y proporciona un sentimiento de comunidad. Manteniendo los vínculos existentes, ampliando el círculo social y utilizando la tecnología, se crea un paisaje social vibrante que apoya el viaje a través de la jubilación. Abordar las ansiedades sociales y entablar nuevas relaciones garantiza que sus años de jubilación estén llenos de conexión, alegría y satisfacción, lo que le permitirá atravesar esta etapa de la vida con confianza y elegancia.

No olvides planear cosas con y sin tu cónyuge. No estáis acostumbrados a estar juntos 24 horas al día, 7 días a la semana, así que es importante hacer cosas juntos, pero también pasar algún tiempo separados. Comunicar sus límites y preferencias permite que su relación prospere durante la jubilación.

8.4 Superar la ansiedad de la jubilación

La jubilación, una etapa esperada con impaciencia por muchos, también puede ser fuente de gran ansiedad. Es un momento en el que la preocupación por la estabilidad financiera suele pasar a primer plano. El miedo a sobrevivir a sus ahorros es una ansiedad común, especialmente si no ha tenido la oportunidad de ahorrar tanto como esperaba. Este temor puede proyectar una larga sombra, dificultando el disfrute de la libertad que debería aportar la jubilación. Es esencial abordar estas preocupaciones financieras de frente, posiblemente revisando su plan de jubilación o consultando con un asesor financiero para asegurarse de que sus ahorros le permitirán mantener su estilo de vida. Estas conversaciones pueden proporcionarle la tranquilidad que tanto necesita y ayudarle a mitigar parte de la ansiedad que rodea a su futuro financiero.

La incertidumbre sobre la salud y la longevidad es otra fuente frecuente de ansiedad en la jubilación. A medida que envejecemos, la imprevisibilidad de la salud se hace más evidente, y es natural preocuparse por posibles problemas de salud. En la jubilación, cuando ya no se está cubierto por los planes de salud de la empresa, estas preocupaciones pueden parecer aún más acuciantes. Es importante contar con un plan de salud sólido, que incluya Medicare u otros seguros complementarios. Conocer sus opciones de cobertura sanitaria y planificar los posibles gastos médicos puede aliviar parte del estrés asociado a las incertidumbres sanitarias. Considere también la posibilidad de hablar de estas preocupaciones con su pareja, si la tiene. Es posible que tenga temores similares, y compartir sus preocupaciones puede fomentar el apoyo y la comprensión mutuos, creando una relación más fuerte a medida que ambos atraviesan esta nueva etapa de la vida.

Aplicar técnicas de reducción del estrés es crucial para gestionar la ansiedad de la jubilación. Prácticas sencillas como los ejercicios de respiración y la relajación muscular progresiva pueden ayudar a reducir el estrés inmediato. Estas técnicas le animan a centrarse en el momento presente, calmando su mente y su cuerpo. La actividad física regular es otra poderosa herramienta para controlar el estrés. El ejercicio libera endorfinas, que mejoran el estado de ánimo y reducen el estrés, al tiempo que contribuyen al bienestar físico general. Ya sea caminar, nadar o hacer yoga, encuentre una actividad que le guste y conviértela en una parte habitual de su rutina. Estas prácticas no solo ayudan a controlar la ansiedad, sino que también mejoran la calidad de vida durante la jubilación, proporcionando beneficios para la salud física y mental que contribuyen a un estilo de vida satisfactorio.

No hay que subestimar el papel del apoyo profesional a la hora de gestionar la ansiedad de la jubilación. Buscar la ayuda de un terapeuta, especialmente uno especializado en transiciones de jubilación, puede proporcionar un apoyo inestimable. La terapia ofrece un espacio seguro para explorar sus ansiedades y desarrollar estrategias de afrontamiento adaptadas a sus necesidades. La terapia cognitivo-conductual (TCC), en particular, es eficaz para controlar la ansiedad. Le ayuda a identificar y cambiar patrones de pensamiento negativos, promoviendo una visión más positiva de la jubilación. La terapia puede aportar claridad y tranquilidad, y dotarlo de las herramientas necesarias para afrontar los retos de la jubilación. El apoyo profesional puede ser una piedra angular en la construcción de una jubilación sana y equilibrada, ofreciendo orientación y comprensión a medida que navega por este importante cambio de vida.

Desarrollar una mentalidad proactiva es otro aspecto clave para superar la ansiedad ante la jubilación. Adoptar un enfoque positivo y proactivo le ayuda a gestionar el cambio con confianza y resistencia. Practicar la gratitud es una forma sencilla pero eficaz de pasar de la ansiedad al agradecimiento, destacando los aspectos positivos de su vida. Dedique un tiempo cada día a reflexionar sobre lo que agradece, ya sea la libertad para dedicarse a nuevos intereses o el apoyo de sus seres queridos. Fijarse objetivos pequeños y alcanzables también puede generar confianza e impulso, proporcionando una sensación de logro y progreso. Estos objetivos no tienen por qué ser grandiosos; pueden ser tan sencillos como aprender una nueva habilidad o terminar un proyecto casero. Al centrarse en los aspectos positivos y celebrar las pequeñas victorias, se cultiva una mentalidad que acepta el cambio, convirtiendo la jubilación en una oportunidad de crecimiento y realización.

A medida que abraza este nuevo capítulo, recuerde que la jubilación no es solo un final, sino un principio lleno de potencial. Abordar las fuentes de ansiedad, aplicar técnicas de reducción del estrés, buscar apoyo profesional y desarrollar una mentalidad proactiva puede transformar su experiencia de jubilación. Si afronta esta etapa con curiosidad y franqueza, allanará el camino hacia una jubilación vibrante y satisfactoria. Con estas estrategias, estará bien equipado para afrontar el futuro con confianza, asegurándose de que sus años de jubilación sean ricos en alegría, propósito y paz.

No pases al siguiente capítulo sin hacer lo siguiente;

1. Planifique su día ideal de jubilación: compártelo con su cónyuge.
2. Investiga los aspectos de tu día ideal antes mencionados y busca grupos o clases a los que puedas unirte para ponerlos en práctica
3. ¿Qué has querido hacer siempre que ahora que tienes más tiempo podrías hacer? ¿Por qué esperar?

4. ¿A qué grupos puede unirse para ampliar su círculo social?

Capítulo 9

Jubilación a prueba de futuro

Imagínese que se embarca en una nueva aventura, un viaje a través de la jubilación que promete tanto libertad como incertidumbre. Se encuentra en el precipicio de este nuevo capítulo, armado de sueños y planes, pero es consciente de que el camino que tiene por delante es inexplorado. Uno de los retos más importantes a los que se enfrenta es el riesgo de sobrevivir a sus ahorros. Este riesgo de longevidad no es solo una posibilidad, sino una realidad creciente para muchos. A medida que continúan los avances médicos y evolucionan los estilos de vida, la gente vive más que las generaciones anteriores. Según los CDC, la esperanza de vida media en Estados Unidos es ahora de 77,5 años, con una media de 80,2 años para las mujeres y 74,8 años para los hombres. Estas cifras subrayan la necesidad de prepararse para un periodo de jubilación potencialmente prolongado, en el que sus recursos financieros deben estirarse más de lo que podría haber previsto inicialmente.

Vivir más años presenta retos y oportunidades. Por un lado, una vida más larga significa más tiempo para disfrutar de los frutos del trabajo, viajar, pasar tiempo con la familia y dedicarse a las pasiones. Por otro, aumenta la presión sobre los recursos económicos. Es probable que los costos de salud aumenten a medida que envejecemos, con gastos en medicamentos, tratamientos y, potencialmente, cuidados a largo plazo que se convierten en cargas significativas. No hay que subestimar el impacto de la longevidad en sus gastos de manutención. Cuanto más viva, más tendrá que destinar a gastos cotidianos, asistencia sanitaria y gastos imprevistos. Esta realidad hace que sea crucial evaluar si sus ahorros actuales para la jubilación son adecuados. No basta con ahorrar para veinte años de jubilación cuando es posible que viva treinta o más. Este cambio de perspectiva es vital para asegurarse de mantener su calidad de vida durante sus años dorados.

Evaluar la suficiencia de sus ahorros para la jubilación requiere una evaluación exhaustiva y honesta de su situación financiera. Empiece por utilizar calculadoras diseñadas para proyectar las necesidades de jubilación ajustadas a la longevidad. Herramientas como la aplicación Retirement Planner y Boldin pueden ayudarle a comparar proyecciones y a comprender cómo le mantendrán sus ahorros durante un periodo prolongado. Estas calculadoras tienen en cuenta factores como la inflación, la esperanza de vida y las tasas de ahorro actuales para ofrecer una imagen más clara de su futuro financiero. Ajustar las tasas de retirada es otro componente fundamental. Retirar demasiado dinero demasiado pronto puede agotar sus ahorros y dejarle vulnerable en sus últimos años. Una estrategia común es la "regla del 4%", que sugiere retirar anualmente el 4% de sus ahorros para la jubilación, ajustándose a la inflación, lo que a un nivel alto significa que sus ahorros durarán 25 años. Sin embargo, esta regla puede requerir ajustes en función de sus circunstancias personales, su salud y las condiciones del mercado.

Explorar las rentas vitalicias es otra estrategia eficaz para mitigar el riesgo de longevidad. Las rentas vitalicias son productos financieros que proporcionan un flujo de ingresos constante de por vida, ofreciendo la tranquilidad de que no sobrevivirá a sus recursos. Existen varios tipos de rentas vitalicias. Las rentas vitalicias inmediatas comienzan a pagarse casi inmediatamente después de la compra, proporcionando ingresos rápidos. Por otro lado, las rentas vitalicias diferidas comienzan a pagarse en una fecha futura, permitiendo que su inversión crezca mientras tanto. Cada tipo tiene sus ventajas, en función de sus necesidades financieras y sus preferencias temporales. El seguro de longevidad, un tipo específico de renta vitalicia, comienza a pagarse a una edad avanzada, como los 85 años, garantizando ingresos cuando se agotan otros recursos. Aunque las rentas vitalicias pueden ofrecer seguridad, también tienen sus inconvenientes. Pueden ser complejas y costosas, y a menudo conllevan comisiones que pueden restarle rentabilidad. Es esencial sopesar estos pros y contras cuidadosamente, considerando su situación financiera global y consultando a un asesor financiero si es necesario.

Además de las estrategias financieras, mantener la salud y el bienestar es fundamental para mejorar la calidad de vida en la vejez. Un estilo de vida saludable puede reducir los costos de salud y contribuir a una vida más larga y activa. El ejercicio regular es fundamental, ya que favorece la salud cardiovascular, la flexibilidad y el bienestar mental. Ya sea caminar, nadar o hacer yoga, encuentre una actividad que le guste y pueda mantener a largo plazo. Junto con el ejercicio, una dieta equilibrada y rica en nutrientes favorece la salud general. Haga hincapié en los alimentos integrales, las proteínas magras y mucha fruta y verdura, y manténgase hidratado. Las medidas sanitarias preventivas son igualmente importantes. Las revisiones y exámenes periódicos pueden detectar a tiempo posibles problemas de salud, reduciendo el riesgo de costosas intervenciones médicas posteriores. Las vacunas, los cuidados dentales y los exámenes oculares también deben formar parte de su rutina de mantenimiento de la salud.

Sección de reflexión: Longevidad y estilo de vida

Tómese un momento para pensar cómo puede influir la longevidad en su jubilación. Reflexione sobre estas preguntas para orientar su planificación:

1. ¿Cómo puede afectar la longevidad prolongada a su actual estrategia de ahorro para la jubilación?
2. ¿Debe ajustar sus porcentajes de retirada para que sus ahorros duren?
3. ¿Ha considerado las rentas vitalicias u otros productos de renta vitalicia como parte de su plan financiero?
4. ¿Qué medidas puede tomar ahora para mantener y mejorar su salud, reduciendo potencialmente los gastos sanitarios futuros?
5. ¿Cómo afectan las opciones de estilo de vida que eliges hoy a tu calidad de vida y seguridad financiera a largo plazo?

Si tiene en cuenta estos aspectos, podrá prepararse mejor para el futuro, garantizando que su jubilación siga siendo segura y satisfactoria.

9.1 La tecnología al servicio de la jubilación

A medida que se acerca la jubilación, la tecnología puede ser su aliada inquebrantable, agilizando los complejos procesos de planificación y gestión de su futuro financiero. En la era digital actual, tiene a su alcance un sinfín de aplicaciones y programas de planificación financiera, listos para transformar su forma de enfocar el ahorro para la jubilación. Estas herramientas van desde sencillas aplicaciones presupuestarias hasta sofisticadas plataformas que ofrecen una gestión integral de las inversiones. Aplicaciones como Retirement Planner y Boldin le ayudan a visualizar sus finanzas futuras proyectando los ingresos de jubilación en función de diferentes escenarios de ahorro. Aportan claridad, mostrando cómo sus ahorros y contribuciones actuales se alinean con sus objetivos de jubilación. Para una gestión más avanzada, robo-advisors como Betterment o Wealthfront ofrecen servicios de inversión automatizados. Construyen y gestionan su cartera mediante algoritmos, a menudo a un coste inferior al de los asesores financieros tradicionales. Estas plataformas digitales evalúan su tolerancia al riesgo, sus objetivos financieros y su calendario para elaborar una estrategia de inversión personalizada, que se ajusta a las fluctuaciones de los mercados. Con estas herramientas, obtendrá una imagen más clara de su panorama financiero, lo que le permitirá tomar decisiones informadas sobre su jubilación.

Más allá de la gestión financiera, la tecnología abre las puertas al aprendizaje continuo y al compromiso con la comunidad, componentes vitales para el éxito de un plan de jubilación. Internet es un tesoro de recursos educativos, que ofrece seminarios web y cursos en línea diseñados para mejorar sus conocimientos financieros. Sitios web como Coursera y Udemy ofrece cursos gratuitos o asequibles sobre temas que van desde la elaboración de presupuestos básicos hasta estrategias de inversión avanzadas. Participar en estos cursos amplía tus conocimientos y te dota de las habilidades necesarias para navegar por las complejidades financieras de la jubilación. Mientras tanto, los foros y comunidades en línea, como los subreddits de jubilación de Reddit o los grupos de finanzas personales de Facebook, fomentan la interacción y el apoyo. Estas plataformas le ponen en contacto con otras personas que siguen un camino similar, permitiéndole compartir experiencias, hacer preguntas y recibir consejos tanto de colegas como de expertos. Esta sensación de comunidad puede ser tranquilizadora, ya que ofrece ideas y ánimos para planificar el futuro.

Con el auge de las herramientas digitales aumenta la necesidad de proteger sus activos digitales y su información personal. Las contraseñas seguras son su primera línea de defensa. Utilice contraseñas complejas que combinen letras, números y símbolos, y evite utilizar la misma contraseña en varios sitios. Considere la posibilidad de utilizar un gestor de contraseñas para realizar un seguimiento seguro de sus credenciales. La autenticación de dos factores añade otra capa de seguridad, requiriendo una forma secundaria de identificación más allá de una simple contraseña. Puede ser un código enviado a tu teléfono o un escáner de huella dactilar, que proporciona una salvaguarda adicional contra el acceso no autorizado. A medida que desarrolle su presencia digital, la creación de un plan de sucesión digital será crucial. Este plan garantiza que sus activos digitales -como cuentas en línea, perfiles en redes sociales y suscripciones digitales- se gestionen de acuerdo con sus deseos en caso de incapacidad o fallecimiento. Documente sus activos digitales, designe un albacea digital y facilite instrucciones sobre cómo acceder a estas cuentas y gestionarlas. Este enfoque previsor protege su legado digital y le proporciona tranquilidad a usted y a sus seres queridos.

Tenga cuidado con las estafas por correo electrónico o en línea que le piden que haga clic en enlaces o introduzca datos bancarios o de su tarjeta de crédito. Estos correos electrónicos parecen tan legítimos que es fácil dejarse engañar, pero tenga cuidado cuando alguien le pida esta información. Cuando transfieras grandes cantidades de dinero, asegúrate también de haber confirmado verbalmente los datos bancarios con la persona a la que vas a hacer la transferencia. He visto a demasiada gente perder dinero como para no repetirlo aquí.

Los avances tecnológicos van más allá de la planificación financiera, revolucionando el acceso y la gestión de la asistencia sanitaria. Cada vez son más populares los servicios de telemedicina, que ofrecen consultas virtuales con profesionales sanitarios desde la comodidad del hogar. Estos servicios son cómodos, eliminan el tiempo de desplazamiento y facilitan el acceso a especialistas que pueden no estar disponibles localmente. Las consultas sanitarias virtuales permiten un seguimiento continuo de la salud, la renovación de recetas e incluso el diagnóstico de dolencias menores, todo ello a través de una plataforma en línea segura. Los dispositivos de salud portátiles, como los rastreadores de actividad física y los relojes inteligentes, permiten controlar en tiempo real las constantes vitales, como la frecuencia cardíaca, los patrones de sueño y los niveles de actividad física. Estos dispositivos le permiten tomar el control de su salud y le ofrecen información que puede servir de base para elegir su estilo de vida y tomar decisiones médicas. También facilitan el seguimiento a distancia por parte de los profesionales sanitarios, garantizando que reciba las intervenciones oportunas sin necesidad de frecuentes visitas en persona. Si adopta estas innovaciones, mejorará su experiencia sanitaria y mantendrá su independencia y bienestar a medida que envejezca.

Incorporar estas herramientas tecnológicas a su planificación de la jubilación no solo simplifica la gestión financiera, sino que también enriquece su estilo de vida en general. El mundo digital ofrece una gran cantidad de recursos para apoyar sus objetivos, desde la educación financiera y la participación en la comunidad hasta las medidas de seguridad y la gestión de la salud. Adoptar la tecnología le permite tomar las riendas de su jubilación, asegurándose de estar informado, conectado y preparado para lo que le depare el futuro.

9.2 Adaptación a la evolución de los productos financieros

Navegar por el panorama financiero a medida que se acerca la jubilación puede parecer como intentar dar en un blanco móvil. Constantemente surgen nuevos vehículos de inversión y productos financieros, cada uno de los cuales promete mejorar su cartera u ofrecer ventajas únicas. Mantenerse informado sobre estas novedades es crucial. Los fondos cotizados en bolsa (ETF), por ejemplo, se han convertido en una opción popular para muchos inversores debido a su flexibilidad y a que suelen tener comisiones más bajas que los fondos de inversión. Permiten invertir en una amplia gama de clases de activos, proporcionando una diversificación que puede ayudar a mitigar el riesgo. Los fondos de inversión inmobiliaria (REIT) ofrecen otra vía, permitiéndote invertir en bienes inmuebles sin necesidad de comprarlos directamente. Estos fondos pagan dividendos y pueden ser una fuente de ingresos estable, especialmente durante la jubilación. Conocer estos productos puede ayudarle a tomar decisiones informadas que se ajusten a sus objetivos de jubilación y a su tolerancia al riesgo.

En los últimos años, la tecnología blockchain y las criptomonedas también han entrado en el ámbito financiero, ofreciendo tanto promesas como complejidad. Criptomonedas como Bitcoin y Ethereum han acaparado titulares por sus espectaculares oscilaciones de precios y su potencial para obtener grandes beneficios. Sin embargo, también son conocidas por su volatilidad y riesgo. Blockchain, la tecnología en la que se basan las criptomonedas, es considerada por muchos como transformadora, ya que proporciona transparencia y seguridad en las transacciones financieras. Al considerar estas nuevas oportunidades, es importante evaluar su idoneidad para su cartera de jubilación. Considere el riesgo frente a la recompensa, si se siente cómodo con la incertidumbre y cómo encajan estas inversiones en su estrategia financiera general. El conocimiento es poder, y comprender los entresijos de estos productos puede ayudarle a navegar por las agitadas aguas de las finanzas modernas.

La evaluación de nuevos productos financieros requiere un planteamiento cuidadoso. Empiece por examinar los criterios de evaluación de las oportunidades de inversión. Busque factores como el rendimiento histórico, las comisiones de gestión y las tendencias del mercado. Evalúe la liquidez de la inversión, es decir, la facilidad con que puede comprarse o venderse sin que afecte a su precio. Considere las implicaciones fiscales y cómo pueden afectar a su situación financiera global. La evaluación del riesgo es otro componente clave. Aunque las inversiones de alto riesgo pueden ofrecer rendimientos sustanciales, también conllevan la posibilidad de pérdidas significativas. Alinee las nuevas inversiones con su tolerancia al riesgo, asegurándose de que complementan su cartera actual en lugar de complicarla. Pedir consejo a profesionales financieros puede aportar una perspectiva adicional. Los asesores financieros pueden ofrecerle orientación personalizada, ayudándole a sopesar los pros y los contras de cada inversión y cómo se alinea con sus objetivos personales.

Aprovechar los productos financieros flexibles puede proporcionar adaptabilidad ante las incertidumbres de la vida. Las pólizas de seguro de vida híbridas, por ejemplo, combinan el seguro de vida con cláusulas adicionales para cuidados a largo plazo. Estos productos ofrecen la doble ventaja de una indemnización por fallecimiento y la cobertura de los gastos de cuidados a largo plazo, en caso de que los necesite. Esta flexibilidad puede tener un valor incalculable, ya que le proporciona la tranquilidad de saber que sus necesidades estarán cubiertas, independientemente de cómo se desarrolle su vida. Las cuentas de gastos flexibles (FSA) y las cuentas de ahorros sanitarios (HSA) son otra forma de adaptarse a las circunstancias cambiantes. Las FSA le permiten reservar dinero antes de impuestos para gastos sanitarios subvencionables, reduciendo sus ingresos imponibles y proporcionándole un colchón financiero para los gastos médicos. Las HSA ofrecen ventajas similares, con fondos que se renuevan año tras año, lo que las convierte en una valiosa herramienta para planificar los gastos sanitarios a largo plazo. Estos productos ofrecen la posibilidad de ajustarse y responder a los cambios de la vida, asegurando que esté preparado para lo que venga.

Consultar con asesores financieros puede ser una decisión inteligente a la hora de navegar por este complejo panorama. Los asesores aportan una gran cantidad de conocimientos y experiencia, ayudándole a entender los nuevos productos y a determinar su relevancia para su plan de jubilación. Pueden ayudarle a evaluar las estrategias de inversión, asegurándose de que se ajustan a su tolerancia al riesgo y a sus objetivos financieros. Le sugiero que recurra a un asesor remunerado, ya que así no intentará venderle productos de su cartera y tendrá en cuenta sus intereses a la hora de hacer sus recomendaciones. Las revisiones financieras periódicas con un profesional pueden ofrecer nuevas perspectivas y poner de relieve áreas de mejora o ajuste. Estas revisiones garantizan que su estrategia siga siendo dinámica, adaptándose a las condiciones del mercado y a los cambios personales. Los beneficios de las revisiones financieras periódicas van más allá de las ganancias inmediatas, fomentando un enfoque a largo plazo que asegure su futuro financiero. Aunque el mundo financiero está en constante evolución, mantenerse informado y adaptable le garantiza mantener el control, listo para aprovechar las oportunidades y afrontar los retos con confianza.

9.3 Anticipar futuros cambios económicos

En el mundo de la planificación de la jubilación, comprender los indicadores económicos es como tener una brújula en su caja de herramientas financieras. Estos indicadores, como el Producto Interior Bruto (PIB), las tasas de inflación y los tipos de interés, son señales vitales que pueden afectar a sus decisiones financieras. El PIB refleja la salud económica general, mostrando si una economía crece o decrece. Un PIB en crecimiento suele indicar una economía robusta, lo que puede traducirse en una mayor rentabilidad bursátil, mientras que un PIB en contracción podría indicar problemas económicos. Por otra parte, las tasas de inflación miden el ritmo al que suben los precios de los bienes y servicios, lo que afecta al poder adquisitivo. Una inflación elevada puede erosionar los ahorros para la jubilación, por lo que es crucial invertir en productos que sigan el ritmo de la inflación o la superen. Los tipos de interés determinan el coste de los préstamos y la rentabilidad de los ahorros. Cuando los tipos suben, puede significar una mayor rentabilidad de las cuentas de ahorro, pero también préstamos más caros. El análisis histórico de los ciclos económicos muestra que las economías atraviesan períodos de expansión y contracción. Si comprende estos ciclos, podrá anticipar mejor los cambios y ajustar en consecuencia su planificación de la jubilación.

Prepararse para la volatilidad de los mercados y las recesiones económicas es otro aspecto fundamental para salvaguardar su jubilación. La diversificación es una poderosa técnica para minimizar el riesgo de mercado. Al repartir las inversiones entre varias clases de activos, como acciones, bonos y bienes inmuebles, se reduce el impacto de una inversión de bajo rendimiento en el conjunto de la cartera. Este planteamiento le impide depender excesivamente de una sola inversión o sector, proporcionándole un colchón durante las turbulencias económicas. Crear una reserva financiera, como un fondo de emergencia, es igualmente importante. Esta reserva debería cubrir al menos entre 3 y 6 meses de gastos de subsistencia, lo que le permitiría hacer frente a contratiempos financieros inesperados sin tener que recurrir a sus ahorros para la jubilación. En épocas de crisis, disponer de este colchón le permitirá mantener su estilo de vida y evitar liquidar sus inversiones con pérdidas. Al prepararse para la volatilidad, crea una estrategia financiera resistente capaz de capear las tormentas económicas.

Ajustar sus estrategias financieras a la inflación y la deflación es esencial para mantener el poder adquisitivo de sus ingresos de jubilación. La inflación puede devaluar significativamente sus ahorros con el paso del tiempo, por lo que es fundamental invertir en activos que le protejan de ella. Los valores del Tesoro protegidos contra la inflación (TIPS) son una opción popular, ya que se ajustan a la inflación, garantizando que su inversión siga el ritmo de la subida de precios. Los bienes inmuebles y las materias primas también constituyen una cobertura, ya que su valor suele aumentar con la inflación. Por el contrario, la deflación, es decir, el descenso de los precios, también puede afectar a los ingresos de jubilación. Durante los periodos deflacionistas, el efectivo y las inversiones de renta fija pueden adquirir más valor, ya que aumenta el poder adquisitivo del dinero. Comprender cómo afectan la inflación y la deflación a las finanzas de su jubilación le permite ajustar su cartera para proteger su patrimonio. De este modo, se asegura de que su plan financiero siga siendo sólido, independientemente de las condiciones económicas.

Adoptar una mentalidad proactiva y adaptable es clave para navegar por un panorama económico en constante cambio. Revisar y actualizar periódicamente sus planes financieros garantiza que se ajusten a las condiciones actuales y a sus objetivos en evolución. Los acontecimientos de la vida, los cambios del mercado y las circunstancias inesperadas pueden exigir ajustes en su estrategia de jubilación. Incorporar la adaptabilidad a sus procesos de toma de decisiones financieras implica estar abierto al cambio y dispuesto a explorar nuevas oportunidades. Esto puede significar asignar activos, ajustar las tasas de retirada o incluso considerar nuevos vehículos de inversión. Si se mantiene informado y flexible, estará en condiciones de tomar decisiones estratégicas que mejoren su seguridad financiera. Este enfoque proactivo no solo protege sus ahorros para la jubilación, sino que también le permite aprovechar las oportunidades que surgen de los cambios económicos.

En resumen, anticiparse a los futuros cambios económicos implica comprender los indicadores clave, prepararse para la volatilidad y ajustar las estrategias a la inflación y la deflación. Al mantenerse informado y adaptable, se asegura de que su jubilación siga siendo estable y segura. A medida que avancemos, explicaremos cómo estas estrategias se integran en un plan de jubilación holístico, garantizando un futuro que sea satisfactorio tanto desde el punto de vista financiero como personal.

No pases al siguiente capítulo sin hacer lo siguiente;

1. Crea una cuenta Boldin o Retirement Planner e inicia sesión y rellena tu información de los capítulos 1 y 4 utilizando el presupuesto de ingresos y gastos que hemos creado. Añade tu edad de jubilación, la edad de jubilación completa de la Seguridad Social (FRA) y la edad hasta la que piensas vivir y comprueba lo que esto supone para tus ahorros para la jubilación.
2. Explore si le interesan las rentas vitalicias en su cartera de jubilación
3. ¿Necesitas mejorar tu salud? ¿Cuál es tu plan para conseguirlo?
4. ¿Necesita reunirse con un asesor financiero de pago para que le ayude a planificar su cartera? Concierte una cita

Capítulo 10

Vivir una jubilación plena

Imagine despertar cada día con la libertad de llenarlo de actividades que le aporten alegría, propósito y satisfacción. Esta es la esencia de una jubilación plena. Es un momento en el que por fin puede entregarse a las pasiones con las que siempre ha soñado, sin las limitaciones de un horario de trabajo. Pero para disfrutar realmente de esta nueva libertad, es fundamental equilibrar el ocio con la prudencia financiera. Una jubilación satisfactoria no consiste en derrochar, sino en tomar decisiones meditadas que le permitan disfrutar de la vida y, al mismo tiempo, garantizar la seguridad financiera y la longevidad. Este capítulo le guiará en la búsqueda de ese equilibrio, para que pueda disfrutar de los placeres de la jubilación sin preocupaciones económicas.

10.1 Equilibrio entre ocio y prudencia financiera

En la jubilación, las actividades de ocio son vitales para mantener la felicidad y el bienestar, pero deben abordarse con sentido de la responsabilidad fiscal. Establecer un presupuesto realista para las actividades de ocio ayuda a garantizar que el disfrute no comprometa la seguridad financiera. Empiece por evaluar sus ingresos y gastos mensuales, asignando una parte específicamente al ocio. Este presupuesto debe reflejar su zona de confort financiero, dejando espacio para la espontaneidad y manteniendo a raya los objetivos financieros más generales. Identificar opciones de ocio rentables puede mejorar aún más este equilibrio. Piense en espectáculos matinales, teatro comunitario o exposiciones de arte locales, que a menudo proporcionan un enriquecimiento cultural por una fracción del coste. Si lo planificas cuidadosamente, podrás disfrutar de actividades de ocio sin sobrecargar tus finanzas.

Dar prioridad a las experiencias sobre las posesiones materiales puede aumentar enormemente la satisfacción en la jubilación. Las experiencias crean recuerdos duraderos y conexiones emocionales, y ofrecen una satisfacción más profunda que los bienes materiales transitorios. Planifique regalos basados en experiencias para familiares y amigos, como entradas para un concierto o un día en un museo local. Estos regalos fomentan los momentos compartidos y fortalecen las relaciones. Elaborar una lista de las experiencias que desea vivir puede servirle de hoja de ruta para sus aventuras durante la jubilación. Ya sea aprender a navegar o asistir a una cata de vinos, estas experiencias enriquecen la vida y proporcionan historias que compartir durante años. Centrarse en las experiencias fomenta una vida con sentido, convirtiéndo cada día en una oportunidad para la alegría y el descubrimiento.

Explorar actividades gratuitas o de bajo coste puede conducir a placeres inesperados. Muchas comunidades ofrecen eventos y festivales patrocinados que resultan entretenidos y económicos. Desde conciertos al aire libre hasta ferias culturales, estos actos brindan la oportunidad de relacionarse con la comunidad y explorar la cultura local. Las actividades en la naturaleza, como el senderismo o la observación de aves, ofrecen la doble ventaja de hacer ejercicio y relajarse, todo ello a un coste mínimo. Estas actividades le animan a apreciar la belleza que le rodea y le proporcionan una sensación de paz y conexión con el mundo natural. Buscando estas oportunidades, puede llenar sus días de experiencias enriquecedoras que no supongan una carga para su bolsillo.

Integrar el ocio en su rutina diaria es esencial para llevar una vida de jubilado equilibrada. Programe regularmente sus aficiones e intereses para que formen parte de su semana. Ya sea un paseo por la mañana, una tarde de pintura o una noche de lectura, dedicar tiempo a estas actividades ayuda a mantener un sentido de propósito y estructura. Reservar tiempo para la relajación y la reflexión es igualmente importante. Puede ser un momento de tranquilidad en el jardín o una práctica meditativa como el yoga. Estos momentos de soledad te permiten recargar las pilas y reflexionar sobre tus experiencias, fomentando un aprecio más profundo por la vida que has creado. Si incorporas el ocio a tu rutina, crearás un tapiz de alegría y satisfacción que enriquecerá tu día a día.

Sección de reflexión: El presupuesto del ocio

Tómate un momento para reflexionar sobre cómo equilibrar ocio y prudencia financiera:

1. **Presupuesto para ocio:** ¿Qué parte de sus ingresos mensuales puede destinar cómodamente a actividades de ocio?
2. **Priorización de experiencias:** ¿Qué experiencias valora más y cómo puede planificar incorporarlas a su jubilación?
3. **Opciones rentables:** ¿Qué actividades gratuitas o de bajo coste hay en su comunidad que coincidan con sus intereses?
4. **Integración diaria:** ¿Cómo puedes incorporar las actividades de ocio a tu rutina para que formen parte habitual de tu vida?

Reflexionar sobre estas cuestiones puede ayudarle a crear una jubilación llena de alegría y seguridad financiera, que le permita saborear cada momento.

10.2 Explorar nuevas aficiones e intereses

La jubilación representa una oportunidad única para aventurarse en nuevos territorios de expresión y alegría personales. Animarse a descubrir nuevas pasiones puede inyectar vitalidad y entusiasmo a la vida cotidiana. Unirse a clubes o grupos de aficionados es un magnífico punto de partida. Estas comunidades no solo orientan a los principiantes, sino que fomentan la camaradería entre personas con ideas afines. Tanto si se trata de un club local de jardinería como de un foro de arte en Internet, estos grupos pueden convertirse en parte de su tejido social, ofreciéndole aliento e inspiración. Experimentar con actividades artísticas, como la pintura o la música, puede ser especialmente gratificante. Estas actividades no solo te permiten expresarte de forma creativa, sino que también te proporcionan un relajante retiro del ajetreo diario. Imagínese coger un pincel y perderse en colores vibrantes, o rasguear unos acordes para crear una melodía que resuena en su alma. Estas experiencias pueden ser muy gratificantes y ofrecer una profunda sensación de logro.

Las aficiones hacen algo más que ocupar el tiempo: mejoran el bienestar mental y proporcionan una profunda sensación de plenitud. Practicar aficiones activa el cerebro y ofrece beneficios cognitivos que mantienen la mente ágil y despierta. Aprender nuevas habilidades desafía al cerebro, fomentando la neuroplasticidad y mejorando la memoria. Además, estas actividades suelen crear vínculos sociales que enriquecen la vida. Los intereses compartidos pueden servir de puente para nuevas amistades, creando vínculos que ofrecen apoyo y alegría. Ya sea a través de un círculo local de punto o de un grupo de teatro comunitario, estas relaciones pueden transformar su paisaje social, proporcionando risas, compañía y recuerdos compartidos. Estas interacciones tienen un valor incalculable, ya que crean un sentimiento de pertenencia y comunidad que enriquece los años de jubilación.

Empezar con nuevas aficiones puede parecer desalentador, pero con una orientación práctica, puedes superar los obstáculos iniciales. Empieza por explorar recursos para encontrar clases o talleres locales en tu zona. Las bibliotecas, los centros comunitarios y las universidades locales suelen ofrecer cursos que responden a intereses variados. Si las clases presenciales no son factibles, las plataformas en línea ofrecen una gran cantidad de tutoriales y guías que te permiten aprender a tu propio ritmo. Sitios web como YouTube o Skillshare ofrecen amplias bibliotecas de vídeos didácticos que abarcan desde acordes básicos de guitarra hasta técnicas avanzadas de fotografía. Estos recursos hacen que el aprendizaje sea accesible y ameno, y descomponen las habilidades complejas en pasos manejables. Con un poco de curiosidad y voluntad, el camino hacia nuevas aficiones te resultará apasionante y gratificante.

Piense en las historias de quienes han transformado sus vidas gracias a nuevos intereses. Por ejemplo, el jubilado que convirtió su afición a la cerámica en un pequeño negocio de éxito, o la persona que descubrió su pasión por la escritura y publicó sus memorias. Estos ejemplos ilustran el poder transformador de las aficiones. Muestran cómo abrazar nuevas actividades puede conducir al crecimiento personal, la realización e incluso a trayectorias profesionales inesperadas. Estos casos nos inspiran a todos para ver la jubilación no como un final, sino como un principio: un momento para explorar, crear y cultivar una vida llena de pasión y propósito.

10.3 Mantener la salud y el bienestar

La jubilación abre un mundo en el que puede dar prioridad a su salud y bienestar, proporcionándole la energía y vitalidad necesarias para disfrutar de esta nueva etapa de la vida. La actividad física desempeña un papel crucial en este sentido, actuando como base para mantener la salud. Rutinas sencillas como los paseos diarios o las sesiones de yoga pueden tener efectos profundos tanto en el cuerpo como en la mente. Un paseo enérgico por la mañana vigoriza los sentidos y establece un tono positivo para el día. El yoga, con sus suaves estiramientos y respiraciones profundas, no solo mejora la flexibilidad, sino que también calma la mente. Las clases de fitness en grupo, ya sean de aeróbic acuático o de tai chi, ofrecen la ventaja añadida de la interacción social, ya que le ponen en contacto con otras personas que comparten su compromiso de mantenerse activos. Estas actividades no solo fortalecen los músculos y los huesos, sino que también mejoran el estado de ánimo y hacen que uno se sienta más vivo y comprometido con la vida.

La nutrición es otro pilar del bienestar durante la jubilación, ya que proporciona el combustible que el cuerpo necesita para funcionar de forma óptima.

Planificar comidas nutritivas con ingredientes de temporada garantiza una gran variedad de vitaminas y minerales, que contribuyen a la salud general. Los productos de temporada suelen ser más frescos y sabrosos, lo que hace que comer sano sea un placer y no una tarea. Reducir los alimentos procesados y el consumo de azúcar puede tener notables beneficios, como mejorar los niveles de energía y controlar mejor el peso. Considere la posibilidad de experimentar con nuevas recetas que hagan hincapié en los cereales integrales, las proteínas magras y la abundancia de frutas y verduras. Este enfoque no solo nutre tu cuerpo, sino que también te permite descubrir nuevos sabores y habilidades culinarias, convirtiendo la preparación de las comidas en una tarea creativa y agradable, ¡ahora que tienes tiempo para prepararla!

La salud mental y el bienestar emocional son igualmente importantes en la jubilación, ya que proporcionan resistencia ante los retos de la vida. Prácticas como la meditación consciente y las técnicas de relajación pueden favorecer la claridad mental y el equilibrio emocional. Dedicar unos minutos al día a reflexionar en silencio, concentrándose en la respiración o en una imagen tranquilizadora, puede reducir el estrés y aumentar la sensación de paz. Participar en actividades que fomenten la salud cognitiva, como los rompecabezas o aprender un nuevo idioma, mantiene la mente ágil y despierta. Estas prácticas fomentan la sensación de logro y satisfacción, y enriquecen la vida cotidiana.

Los chequeos médicos y las pruebas de detección periódicas son vitales para la atención preventiva, ya que permiten abordar posibles problemas de salud antes de que se agraven. Programar revisiones rutinarias, como controles de la tensión arterial y pruebas de colesterol, ayuda a hacer un seguimiento de su salud y a detectar precozmente cualquier problema. Establecer una relación de apoyo con los profesionales sanitarios le garantiza una atención personalizada y adaptada a sus necesidades. La comunicación abierta con su médico es crucial; le permite comentar cualquier cambio en su salud y ajustar su plan de cuidados en consecuencia. Este enfoque proactivo le permite tomar las riendas de su salud y mantenerse fuerte y activo durante los años de jubilación.

10.4 Viajar con un presupuesto ajustado

Viajar es un aspecto muy apreciado de la jubilación, ya que ofrece nuevas perspectivas y experiencias enriquecedoras. Sin embargo, es crucial asegurarse de que estas aventuras se ajustan a su plan financiero. Una estrategia eficaz es planificar los viajes en temporada baja. Esto no solo ayuda a reducir los costes significativamente, sino que también le permite disfrutar de los destinos sin las multitudes bulliciosas. Además, la utilización de programas de fidelización y recompensas puede mejorar mucho su experiencia de viaje. Muchas tarjetas de crédito ofrecen puntos que pueden canjearse por vuelos o estancias en hoteles, convirtiendo los gastos cotidianos en futuras aventuras. Explorar estos programas y conocer sus ventajas puede transformar su forma de viajar, permitiéndole visitar más lugares sin forzar su presupuesto.

Cuando se trata de alojamiento, pensar con originalidad puede suponer un ahorro considerable. Los programas de intercambio de casas y los alquileres vacacionales ofrecen una alternativa cómoda y rentable a los hoteles tradicionales. Intercambiar tu casa con alguien de otra ciudad o país puede ofrecerte la perspectiva de un lugareño a la vez que ahorras dinero. Los alquileres vacacionales, como los que se encuentran en plataformas como Airbnb, suelen ofrecer más comodidades por menos dinero, sobre todo para estancias más largas. Otra opción es alojarse en casa de amigos o familiares durante el viaje. Esto no solo reduce los costes de alojamiento, sino que también enriquece su experiencia con conexiones personales. Alojarse a través de Airbnb mientras viaja también puede generar ingresos extra, compensando sus gastos de viaje.

Explorar destinos locales puede descubrir joyas ocultas justo en su patio trasero. A menudo pasamos por alto los tesoros que tenemos cerca de casa en favor de aventuras lejanas. Considere la posibilidad de hacer excursiones de un día a lugares de interés cultural cercanos o a parques estatales, que pueden ser a la vez educativas y relajantes. Las excursiones locales a pie o las visitas históricas ofrecen un conocimiento más profundo de la historia y el encanto de su región. Estas pequeñas excursiones requieren menos planificación y gastos, pero pueden ser tan gratificantes como los viajes internacionales. Los viajes locales le ayudarán a apreciar la belleza y la cultura de su entorno y le proporcionarán una sensación de aventura sin necesidad de grandes planes ni gastos.

Planificar tus viajes de forma inteligente te garantiza disfrutar al máximo y minimizar los costes. Numerosos sitios web y aplicaciones ofrecen herramientas para ayudarte a encontrar las mejores ofertas de vuelos, alojamiento y atracciones. Sitios web como Skyscanner o Kayak recopilan ofertas de varias aerolíneas, ayudándote a encontrar las tarifas más bajas. Aplicaciones como TripAdvisor ofrecen opiniones y sugerencias de otros viajeros, y proporcionan información sobre lugares de interés y opciones gastronómicas. Unirse a comunidades o foros en línea dedicados a los viajes económicos puede ponerte en contacto con consejos y sugerencias de viajeros experimentados. Estos recursos le permitirán planificar viajes que no solo sean rentables, sino también ricos en experiencias y recuerdos.

10.5 Voluntariado y retribución

Imagínese desempeñando un papel en el que su tiempo y sus habilidades tienen un profundo impacto en la vida. El voluntariado durante la jubilación no solo enriquece a la comunidad, sino que también aumenta su sentido de propósito y realización. Participar en actividades de voluntariado fomenta conexiones significativas con los demás y refuerza los lazos con la comunidad. La alegría de ayudar a alguien a aprender a leer o de contribuir a un banco de alimentos local da a la vida un sentido renovado de propósito y satisfacción. Estas experiencias ofrecen una oportunidad única de dejar un legado de bondad y servicio, proporcionando tanto gratificación personal como una conexión más profunda con el mundo que te rodea.

Para encontrar la oportunidad de voluntariado adecuada, lo primero es adaptar sus intereses y habilidades a las necesidades de la comunidad. Las organizaciones comunitarias y sin ánimo de lucro locales suelen buscar voluntarios para diversas funciones, desde la organización de eventos hasta programas de tutoría. Estas instituciones son un buen punto de partida para quienes deseen contribuir. Para quienes buscan oportunidades más personalizadas, plataformas en línea como VolunteerMatch o Idealist pueden ayudar a ponerte en contacto con proyectos que coincidan con tus pasiones. Tanto si te interesa la conservación del medio ambiente como el apoyo a la educación, hay innumerables formas de marcar la diferencia. Identificar funciones que encajen con tus puntos fuertes garantiza que tus contribuciones sean gratificantes y tengan impacto.

Consideremos las historias de jubilados que han tenido un impacto significativo en sus comunidades a través del voluntariado. Por ejemplo, un jubilado que dedicó tiempo a la conservación del medio ambiente, plantando árboles y restaurando hábitats naturales, lo que no solo preservó ecosistemas sino que también inspiró a otros a unirse a la causa. Otro jubilado encontró la satisfacción en la tutoría de jóvenes, guiándose a través de retos académicos y decisiones vitales. Estos esfuerzos enriquecieron las vidas de los mentores y abrieron puertas a la generación más joven. Estas historias ilustran el poderoso impacto del voluntariado, mostrando cómo los jubilados pueden dejar una huella duradera en sus comunidades y en ellos mismos.

Participar en actividades de promoción y activismo es otra forma de marcar la diferencia. Participar en grupos de defensa o campañas te permite defender causas que te apasionan, ya sean cuestiones medioambientales o de justicia social. Escribir cartas o artículos sensibiliza y anima a otros a actuar. Esta participación no solo amplifica tu voz, sino que también te pone en contacto con personas de ideas afines comprometidas con la consecución de un cambio positivo. De este modo, contribuimos a mejorar el mundo y te sientes realizado al saber que tus acciones importan.

10.6 Cultivar una mentalidad de jubilación positiva

La jubilación suele verse como la culminación de años de duro trabajo, un momento para disfrutar de la libertad y las oportunidades que trae consigo. Adoptar una actitud optimista puede transformar esta etapa en un capítulo vibrante de la vida. Empieza cada día practicando la gratitud, reconociendo las pequeñas alegrías y experiencias que llenan tu vida. Ya sea el sol de la mañana filtrándose por su ventana o una tranquila taza de café disfrutada a su ritmo, estos momentos le recuerdan la riqueza que ofrece la jubilación. Céntrese en el crecimiento y el desarrollo personales, fijándose nuevas metas que le entusiasmen y le supongan un reto. Este tiempo es suyo, una recompensa por los años de dedicación y esfuerzo. Has trabajado toda tu vida para disfrutar de este tiempo, así que permítete explorar las posibilidades que encierra.

En este viaje, la autocompasión es esencial. Sé amable y paciente contigo mismo mientras te adaptas a este nuevo ritmo de vida. Practica las afirmaciones y la auto conversación positiva, reforzando la creencia en tu capacidad para prosperar. Date tiempo para descubrir quién eres más allá de tu carrera, reconociendo que estos cambios llevan su tiempo. Habla abiertamente con tu pareja, que también puede sentirse abrumada. Compartir sus pensamientos y sentimientos puede fortalecer su vínculo y proporcionar apoyo mutuo, creando una comprensión compartida de este nuevo capítulo. Juntos, pueden explorar lo que significa la jubilación para ambos, encontrando consuelo en la compañía del otro.

Pensemos en las historias de personas que han adoptado una mentalidad positiva en la jubilación, encontrando la alegría en lugares inesperados. Un jubilado descubrió su pasión por la fotografía, capturando la belleza de los momentos cotidianos, mientras que otro encontró la satisfacción en el teatro comunitario, creando amistades y recuerdos duraderos. Estas historias nos inspiran para ver los retos como oportunidades, recordándonos que el optimismo puede transformar nuestra experiencia. Adoptar esta mentalidad nos abre las puertas a nuevas aventuras y conexiones más profundas, enriqueciendo nuestra vida de formas que nunca habríamos imaginado.

10.7 Abrazar el aprendizaje permanente

La jubilación abre un mundo de posibilidades para ampliar tus conocimientos. Es un momento ideal para explorar temas que despiertan tu curiosidad o profundizar en áreas que siempre has querido entender mejor. Considere la posibilidad de matricularse en cursos universitarios o programas de educación para adultos que se adapten a sus intereses. Muchas instituciones ofrecen clases diseñadas específicamente para personas mayores, lo que proporciona un entorno de aprendizaje atractivo y de apoyo. Si asistir a clases en persona no es factible, las plataformas de aprendizaje en línea como Coursera o Udemy ofrecen una amplia gama de temas, desde historia hasta tecnología, que puedes explorar a tu propio ritmo. Estas plataformas ofrecen flexibilidad y te permiten aprender desde la comodidad de tu casa. Participar en la educación continua mantiene tu mente activa y puede ser inmensamente satisfactorio, ofreciendo tanto crecimiento personal como una sensación de logro.

Los beneficios cognitivos del aprendizaje permanente son profundos. Los estudios sobre neuroplasticidad demuestran que el cerebro sigue adaptándose y cambiando a lo largo de la vida, formando nuevas conexiones y vías a medida que aprendemos. Esta estimulación mental es clave para mantener la salud cognitiva, mejorar la memoria y aumentar la concentración. Participar en actividades de aprendizaje supone un reto para el cerebro, que se mantiene ágil y resistente. Ya sea resolviendo problemas complejos en clase de matemáticas o aprendiendo un nuevo idioma, estas actividades refuerzan la agilidad mental. La alegría de dominar una nueva habilidad o comprender un concepto complejo aporta una sensación de logro que es profundamente gratificante. Este compromiso mental continuo contribuye al bienestar general, proporcionando una sensación de propósito y dirección.

Hay una gran cantidad de recursos disponibles para apoyar sus actividades educativas. Los institutos de enseñanza superior suelen ofrecer clases y talleres adaptados a los jubilados, lo que les brinda la oportunidad de adquirir nuevas habilidades o aficiones. Las conferencias y seminarios en línea gratuitos de instituciones de prestigio como Harvard o el MIT ofrecen contenidos de alta calidad accesibles a todo el mundo. Estos recursos facilitan la continuación de la educación sin la presión de las notas o los plazos. Aprovechando estas oportunidades, puedes explorar nuevos campos y ampliar tus horizontes. Tanto si te interesa el arte, la ciencia o la filosofía, hay algo disponible que puede encender tu pasión y satisfacer tu curiosidad.

Pensemos en las historias de quienes han transformado sus vidas gracias a la educación. Un jubilado puede obtener un título en Ciencias Ambientales, impulsado por su amor a la naturaleza, mientras que otro obtiene un certificado en fotografía digital, convirtiendo un hobby de la jubilación en un pequeño negocio. Estas actividades educativas pueden conducir a una transformación personal, abriendo las puertas a nuevas aventuras y trayectorias profesionales. Estas historias ilustran el poder del aprendizaje para enriquecer la vida, ofreciendo nuevas perspectivas y oportunidades de crecimiento. Abrazar la educación durante la jubilación no solo mejora sus conocimientos, sino que también le mantiene conectado con el mundo, garantizando que sus años de jubilación sean vibrantes y satisfactorios.

10.8 Celebración de hitos y logros

Reconocer sus logros a lo largo de la jubilación puede enriquecer la experiencia, convirtiendo los momentos cotidianos en recuerdos entrañables. Considere la posibilidad de crear un álbum de recortes o un diario para documentar estos logros. Tanto si se trata de una exitosa cosecha en el jardín, como de un cuadro terminado o un año de voluntariado, cada página se convierte en un testimonio de su progreso y alegría. Organizar reuniones para celebrar acontecimientos significativos permite compartir estos hitos con los seres queridos, creando un tapiz de experiencias compartidas que entrelazan el pasado y el presente. Estas reuniones fomentan la conexión y te recuerdan el apoyo y el amor que te rodean. Mientras lo celebras, reflexiona sobre lo que estos logros significan para ti y cómo configuran tu camino hacia adelante.

Establecer nuevos objetivos mantiene vivo el espíritu de crecimiento. Las pizarras de visión pueden ser una herramienta poderosa para visualizar las aspiraciones futuras, proporcionando un recordatorio tangible de los sueños que se persiguen. Colaborar con su pareja en el desarrollo de objetivos fomenta el apoyo mutuo, animándose a alcanzar nuevas metas. Establecer objetivos y hacer un seguimiento de los progresos realizados puede transformar los deseos abstractos en pasos factibles. Tanto si se trata de aprender una nueva habilidad como de planear unas vacaciones de ensueño, estas aspiraciones guiarán sus días, fundiéndose propósito y expectación. A medida que alcanzas cada hito, el viaje se enriquece, imbuido de una sensación de plenitud y dirección que continúa desarrollándose.

Celebrar estos hitos de forma significativa añade profundidad a la experiencia. Planificar fiestas temáticas o viajes para celebrar ocasiones especiales crea recuerdos que perduran mucho después de que el evento haya terminado. Imagine una fiesta temática en torno a su década favorita o un viaje a un lugar que siempre haya cautivado su imaginación. Organizar un acto comunitario para devolver algo a la comunidad también puede ser una forma muy gratificante de celebrar, convirtiendo la alegría personal en beneficio colectivo. Estas celebraciones no solo honran sus logros, sino que también contribuyen a un mayor sentido de comunidad y conexión. Sirven para recordar el impacto que has tenido y el legado que sigues construyendo.

Pensemos en las historias de jubilados que lo han celebrado de formas únicas y con impacto. Uno puede optar por hacer una donación benéfica en honor de un cumpleaños especial, transformando su alegría personal en un regalo que llega a muchas vidas. Otro puede conmemorar un aniversario organizando una limpieza del vecindario, celebrando el amor y el compromiso a través del servicio a la comunidad. Estas historias nos inspiran a todos para encontrar expresiones creativas de celebración, ilustrando cómo los hitos pueden marcarse con intención y generosidad. Cuando celebres tus propios logros, deja que estas historias te animan a pensar con originalidad, encontrando formas de honrar tu trayectoria de maneras que resuenan profundamente con tus valores y aspiraciones.

10.9 Compartir su jubilación con los demás

La jubilación es una época en la que las historias adquieren un nuevo significado, ofreciendo la oportunidad de compartir sabiduría y experiencias con los demás. Compartir tu viaje puede crear un sentimiento de comunidad y conexión, proporcionando apoyo e inspiración. Cuando compartes tus experiencias, invitas a otros a entrar en tu mundo, creando vínculos que enriquecen tanto tu vida como la de ellos. Ya se trate de la historia de un proyecto de voluntariado satisfactorio o de un momento de triunfo personal, estas historias pueden inspirar a quienes te rodean. Sirven como legados vivos, un equilibrio entre disfrutar del presente y dejar algo significativo tras de sí.

Existen numerosas plataformas en las que puede compartir sus historias. Escribir en un blog o en un vlog sobre sus experiencias de jubilación le permite llegar a un público más amplio, ofreciendo ideas y reflexiones que pueden resonar en otras personas que siguen caminos similares. Sus historias se convierten en una fuente de aliento que demuestra que la jubilación no es el final, sino un nuevo capítulo lleno de vida. Las charlas en clubes u organizaciones locales aportan un toque más personal, ya que permiten interactuar cara a cara. Estos lugares ofrecen una plataforma para compartir su viaje, suscitando conversaciones y conexiones que perduran más allá del intercambio inicial. Al abrir, crea un efecto dominó de positividad e inspiración.

La tutoría es otra forma poderosa de compartir sus conocimientos. Guiar a las generaciones más jóvenes o a los compañeros que se jubilan puede ser inmensamente gratificante. Establecer programas de tutoría dentro de las comunidades permite transmitir valiosas lecciones, proporcionando apoyo y orientación a quienes atraviesan transiciones similares. Participar en iniciativas de intercambio intergeneracional fomenta la comprensión y la colaboración, salvando las distancias entre las distintas etapas de la vida.

Estas interacciones no solo enriquecen tu vida, sino que también empoderan a los demás, fundándose confianza y resiliencia. Tus experiencias se convierten en un faro que guía a otros hacia una vida plena y significativa.

Considere el impacto de la narración de historias a través de ejemplos de jubilados que han marcado la diferencia al compartir sus viajes. Algunos se han convertido en oradores motivacionales, utilizando sus historias para inspirar y elevar al público. Otros han utilizado la narración de historias para influir en las comunidades, creando un cambio a través de experiencias compartidas. Estas historias demuestran el poder de compartir, ilustrando cómo los relatos personales pueden influir y transformar vidas. Cuando compartas tu viaje, recuerda que tu historia es única e inestimable, y que tiene el potencial de inspirar y conectar de maneras que quizá nunca hubieras imaginado.

No pases al siguiente capítulo sin hacer lo siguiente;

1. ¿Ha empezado a planear sus próximas vacaciones? Adelante, empiece a planificar
2. ¿Ha reservado para empezar su nueva afición o interés
3. Ahora que tiene tiempo, ¿cómo va a mejorar o mantener su salud? ¿Necesita reservar algo?
4. Busca oportunidades de voluntariado y ve a visitarlas.
5. ¿Has planificado tu vida ideal de jubilado con un plan y un tablero de visión? ¡Póngase manos a la obra!

Conclusión

Al llegar al final de esta guía, dediquemos un momento a reflexionar sobre el viaje que hemos emprendido juntos. Hemos recorrido los intrincados caminos de la planificación de la jubilación, abarcando desde la creación de una sólida base financiera hasta la exploración de los aspectos emocionales de esta etapa de la vida. Cada capítulo ha sido elaborado para ofrecerle ideas y estrategias prácticas que le permitan tomar las riendas de su futuro financiero.

A lo largo de este libro, hemos abordado temas esenciales como la comprensión de las necesidades de jubilación, el establecimiento de objetivos financieros realistas y la desmitificación de la compleja jerga. Hemos hablado de la importancia de acelerar los ahorros, tomar decisiones de inversión inteligentes y navegar por los entresijos de la Seguridad Social. Hemos profundizado en la planificación de la asistencia sanitaria y los cuidados a largo plazo, explorado el panorama emocional de la jubilación y destacado la importancia de la planificación patrimonial. Por último, hemos analizado cómo vivir una jubilación satisfactoria, cómo equilibrar el ocio con la prudencia y cómo abrazar nuevos intereses.

He aquí algunos puntos clave que debe tener en cuenta a medida que avanza:

1. **Empiece pronto, planifique bien:** Empiece a planificar su jubilación lo antes posible. Si empieza tarde, no se desespere. Céntrese en ponerse al día con las cotizaciones y en elegir inversiones inteligentes para acumular ahorros.

2. **Comprenda sus necesidades:** Visualice su jubilación ideal y distinga entre necesidades y deseos. Utiliza la planificación de escenarios para prepararte ante cambios inesperados.

3. **Diversificar las inversiones:** Una cartera bien diversificada puede ayudar a gestionar el riesgo y maximizar el crecimiento. Revise periódicamente sus inversiones para mantenerlas alineadas con sus objetivos y asegúrese de comprobar regularmente su rendimiento.

4. **Maximizar la Seguridad Social:** Un buen momento para solicitar la Seguridad Social puede aumentar sus ingresos de jubilación. Considere todos los factores, incluidas las necesidades de salud y financieras, antes de decidir cuándo reclamar.

5. **Planifique la asistencia sanitaria y los cuidados a largo plazo:** los gastos sanitarios pueden ser importantes durante la jubilación. Incorpórese a sus planes financieros y explore opciones de seguro para mayor seguridad.

6. **Adoptar la preparación emocional:** Comprender el impacto emocional de la jubilación. Encuentre nuevos propósitos e intereses para asegurarse una vida plena y equilibrada.

Ahora, te insto a que pases a la acción. Repase los ejercicios y pasos a seguir al final de cada capítulo y póngalos en práctica en su vida. Cada pequeño paso que dé le acercará a una jubilación segura y agradable. Reflexione sobre su situación personal. ¿Cómo pueden ayudarle las lecciones aprendidas en este libro a alcanzar sus sueños de jubilación? Adapte las estrategias a sus circunstancias particulares. Recuerde que el poder de forjar su futuro está en sus manos.

Al embarcarse en este nuevo capítulo, quiero que se sienta confiado y optimista. La jubilación no es solo el final de una carrera; es un principio: el momento de explorar nuevas pasiones, crear recuerdos y vivir la vida a su manera. Tienes las herramientas y los conocimientos necesarios para afrontar esta transición con éxito. Aproveche esta oportunidad con ilusión y entusiasmo.

Antes de despedirnos, permítanme expresarles mi más sincero agradecimiento. Gracias por elegir este libro como guía a través de las complejidades de la planificación de la jubilación. Su confianza significa mucho para mí, y me siento honrado de haber formado parte de su viaje. Espero que las ideas y estrategias que aquí comparto le ayuden a tomar decisiones informadas y a disfrutar de una jubilación financieramente segura y satisfactoria.

Recuerda que es tu momento de brillar. Las posibilidades son infinitas. Con una planificación cuidadosa y acciones bien pensadas, puedes crear una jubilación que resuene con tus sueños y aspiraciones. Brindo por un futuro lleno de alegría, propósito y paz.

* * *

Marque la diferencia con su reseña

Las personas que dan sin esperar nada a cambio viven vidas más felices. Entonces, ¡marquemos la diferencia juntos!

¿Ayudaría a alguien como usted, que tiene curiosidad por la libertad financiera pero no sabe por dónde empezar?

Mi misión es hacer que la libertad financiera sea comprensible para todos.

Pero para llegar a más personas, necesito tu ayuda.

La mayoría de la gente elige libros basándose en reseñas. Entonces, te pido que ayudes a alguien más dejando una reseña.

No cuesta nada y toma menos de un minuto, pero podría cambiar el camino financiero de alguien y cambiar el futuro de una familia. Tu reseña podría ayudar...

... una familia más sale de sus deudas
   ... un padre construye su fondo de emergencia para su familia
   ... un niño entiende el dinero para empezar su vida mejor que cuando empezó
   ... una persona más toma el control de sus finanzas

... un sueño más hecho realidad

Para marcar la diferencia, simplemente escanee el código QR a continuación o haga clic en el enlace y deje una reseña:

https://bit.ly/42lniqN

Si te encanta ayudar a los demás, eres mi tipo de persona. ¡Gracias desde el fondo de mi corazón!

Emma Maxwell

Referencias

- *¿Cuánto necesito para jubilarme? | Fidelity* https://www.fidelity.com/viewp oints/retirement/how-much-do-i-need-to-retire
- *Cómo fijar objetivos para la jubilación: Guía para un futuro seguro* https://w ww.westernsouthern.com/retirement/how-to-set-retirement-goals
- *Boldin frente a otros mejores programas y herramientas de planificación de la jubilación* https://www.boldin.com/retirement/newretirement-vs-best-r etirement-planning/
- *Temas relacionados con la jubilación - Aportaciones complementarias* https://www.irs.gov/retirement-plans/plan-participant-employee/ retirement-topics-catch-up-contributions
- *Cómo maximizar su 401K Employer Match* https://bankofsunprairie.com/h ow-to-maximize-your-401k-employer-match.html
- *9 maneras de ganar dinero extra durante la jubilación* https://www.investop edia.com/ways-to-make-extra-money-in-retirement-8716943
- *24 maneras de recortar gastos para la jubilación | Boldin* https://www.boldi n.com/retirement/20-ways-to-cut-retirement-costs/
- *Cómo estructurar su cartera de jubilación* https://www.schwab.com/learn/s tory/structuring-your-retirement-portfolio
- *Cuestionario para inversores: Obtenga sugerencias personalizadas* https://in vestor.vanguard.com/tools-calculators/investor-questionnaire
- *Fondos con fecha objetivo: Ventajas e inconvenientes* https://www.investope dia.com/articles/retirement/07/life_cycle.asp
- *Asesoramiento 401k para empleados | Vanguard Institutional* https://institut ional.vanguard.com/401k-plans/employee-advice.html
- *Cómo se calculan las prestaciones de la Seguridad Social* https://www.bankra

te.com/retirement/how-social-security-benefits-are-calculated/

- *Edad de jubilación y reducción de prestaciones* https://www.ssa.gov/benefit s/retirement/planner/agereduction.html
- *9 maneras de aumentar sus prestaciones de la Seguridad Social* https://www. investopedia.com/articles/retirement/112116/10-social-security-secrets-could-boost-your-benefits.asp
- *Ingresos por jubilación: Distribuciones mínimas obligatorias* https://www.sc hwab.com/learn/story/retirement-income-required-minimum-distribu tions
- *¿Cómo ha evolucionado el gasto sanitario estadounidense a lo largo del tiempo?* https://www.healthsystemtracker.org/chart-collection/u-s-spending-h ealthcare-changed-time/
- *Cuándo afiliarse a Medicare: Requisitos y plazos | Anthem* https://www.anth em.com/medicare/learn-about-medicare/medicare-enrollment#:~:text =The%20General%20Enrollment%20Period%20for,pay%20a%20late% 20enrollment%20penalty.
- *Mejores compañías de seguros de dependencia de 2024* https://www.cnbc.co m/select/best-long-term-care-insurance/
- *Cómo planificar los gastos médicos durante la jubilación* https://www.invest opedia.com/retirement/how-plan-medical-expenses-retirement/
- *Testamento frente a fideicomiso: ¿Qué necesita? Coste, proceso y usos* https://www.nerdwallet.com/article/investing/estate-planning/will-vs-trust#:~:text=The%20main%20difference%20between%20wills,typical ly%20must%20go%20through%20probate.
- *Buenas prácticas para reevaluar sus designaciones de beneficiarios* https://lu msdencpa.com/blog/view/best-practices-to-reassess-your-beneficiary-designations
- *Hablar de planificación patrimonial - Consejos de Fidelity* https://www.fidel ity.com/life-events/estate-planning/talking-estate-planning
- *10 errores comunes en la planificación del patrimonio que debe evitar* https://www.findlaw.com/forms/resources/estate-planning/estate-planning-mistakes.html
- *Liquidación de deudas durante la jubilación - InCharge Debt Solutions*

https://www.incharge.org/debt-relief/paying-debt-after-retirement/

- *7 formas inteligentes de vivir bien con ingresos fijos* https://seniorhealthcar eteam.com/articles/7-smart-ways-to-live-well-on-a-fixed-income/
- *Hoja de cálculo de gastos de jubilación* https://investor.vanguard.com/tools -calculators/retirement-expenses-worksheet
- *Cómo planificar los gastos imprevistos tras la jubilación* https://www.mutual ofomaha.com/advice/be-ready-for-retirement/how-to-plan-for-unex pected-expenses-post-retirement
- *Adaptación a la jubilación: Manejo de la depresión y el estrés* https://www.he lpguide.org/aging/healthy-aging/adjusting-to-retirement
- *Oportunidades de voluntariado para personas mayores* https://nj211.org/vol unteer-opportunities-for-seniors
- *Crear y mantener vínculos sociales durante la jubilación* https://atlanticshor esliving.com/blog/building-and-maintaining-social-connections-in-re tirement/
- *10 consejos de expertos para afrontar la ansiedad ante la jubilación | StoneR- idge* https://www.stoneridgelcs.com/blog/expert-tips-on-coping-with- retirement-anxiety/
- *Esperanza de vida - FastStats* https://www.cdc.gov/nchs/fastats/life-expe ctancy.htm
- *Las mejores aplicaciones para planificar la jubilación* https://www.investope dia.com/articles/personal-finance/011916/best-retirementplanning-app s.asp
- *Cómo afecta la inflación a tus ingresos de jubilación - Investopedia* https://w ww.investopedia.com/articles/retirement/052616/how-inflation-eats-a way-your-retirement.asp#:~:text=The%20inflation%20rate%20affects %20how,financial%20plan%20for%20the%20future.
- *IA en beneficio de la humanidad: Innovaciones en la atención a las personas mayores* https://www.forbes.com/councils/forbestechcouncil/2024/01/3 0/ai-to-benefit-humanity-innovations-in-senior-care/
- *50 aficiones baratas para jubilados - Maus Software* https://maus.com/50-i nexpensive-hobbies-for-retirees/
- *Aficiones en la jubilación para mejorar la salud mental | SunLife* https://ww

w.sunlife.co.uk/articles-guides/your-life/retirement-hobbies-for-bette r-mental-health/

- *USDA MyPlate Información nutricional para personas mayores* https://www. myplate.gov/life-stages/older-adults
- *Estrategias de ahorro para viajeros mayores* https://www.nytimes.com/202 2/09/22/travel/frugal-strategies-for-senior-travelers.html

También por Emma Maxwell

Mi primer libro es un gran complemento de **La planificación de la jubilación fácil**. Establece los fundamentos del ahorro, la elaboración de presupuestos, el pago de deudas y la creación de un fondo de emergencia, todos ellos elementos clave para crear unos ahorros para la jubilación con los que poder vivir para siempre. Merece la pena leerlo.

La libertad financiera hecha fácil: Guía paso a paso para eliminar deudas, crear un plan financiero y proporcionar seguridad para usted y su familia.

Consiga la independencia financiera y asegure el futuro de su familia con unos sencillos pasos, aunque empiece desde cero.

Libertad financiera fácil es su guía práctica y completa para lograr la independencia financiera y la tranquilidad.

Esto es solo una muestra de lo que descubrirá en su interior:

- **6 pasos prácticos** para crear un presupuesto realista para su familia

- **Las estrategias más eficaces** para saldar las deudas de las tarjetas de crédito, incluidos los métodos *Debt Pay Down* y *Dent Accelerator*.

- **Fondo de emergencia 101**: el proceso paso a paso para construir la red de seguridad de tu familia.

- **Conceptos básicos de inversión para principiantes**: Explicaciones claras de términos de inversión y pasos clave para empezar.

- Por qué **las opciones de inversión de bajo riesgo** aún pueden producir rendimientos significativos

- **Pautas fáciles de entender** para planificar la jubilación y garantizar un futuro confortable

- **Estrategias sencillas de planificación fiscal** para maximizar sus ahorros

- Cómo superar las **barreras psicológicas** que dificultan los buenos hábitos financieros

- **Historias reales de éxito** para inspirar y motivar su viaje

...¡y mucho más!